MAISONS HISTORIQUES

DE

GASCOGNE

GUIENNE

BÉARN, LANGUEDOC ET PÉRIGORD

PAR

J. NOULENS

DIRECTEUR DE LA REVUE D'AQUITAINE

—

NOTICE DE BORDES

—

PARIS

AUGUSTE AUBRY | J.-B. DUMOULIN

LIBRAIRE-ÉDITEUR | LIBRAIRE-ÉDITEUR

16, RUE DAUPHINE | 13, QUAI DES AUGUSTINS

1866

DE BORDES

SEIGNEURS DE LAUNAC, DU POUY-CARRÉGELARD,
DE GOALARD, DE ROQUEPINE, DE LA CASSA, DE PUY-FONTAIN DE ROQUEPINE,
DE MEDICI.

CONDOMOIS, LOMAGNE.

ARMES : D'or, au chevron de gueules accompagné de deux roses en chef et d'une montagne en pointe de même [1].

Ce n'est pas sans peine et sans effort que cette étude généalogique a été dressée sur son assise de preuves,

1. Ces armes ont été décrites d'après un dessin héraldique gravé sur la vieille argenterie de MM. de Bordes, de Beaucaire, aujourd'hui établis au château de Meilhan près Auch. Elles n'offrent pas de différences sensibles avec les blasons ci-après :

Les de Bordes, sieurs de Cazenove et de La Fayardie, alliés aux de Calvimont, de Piis, de Ségur-Montazeau et de Montagne, portent : *D'azur, à un chevron d'or accompagné en pointe d'un lion de même.* (Armorial g[al] de France vol. 13, coté Guienne.) Les de Bordes, alliés aux de La Briffe en

1

sur sa base d'authenticité. L'identité d'un nom propre commun à plusieurs races distinctes de la même région, leur coexistence à travers les siècles, leur illustration parallèle, constituent une série de difficultés décourageantes. Toutes ces familles de Bordes présentent le caractère seigneurial, à partir d'une certaine époque; toutes, sur leur terrain propre, ont marqué leur trace dans l'histoire de leur province, soit avec l'épée, soit avec la crosse. Il était essentiel de procéder à une reconnaissance scrupuleuse, à une analyse anatomique de chaque figure, pour éviter les confusions et ramener chaque personnage à son foyer respectif. Jaloux de les réintégrer en particulier sous le toit héréditaire, et aussi dans leur degré de descendance, nous avons isolé un à un les individus de la mêlée où ils étaient perdus. Ces nécessités préliminaires nous ont imposé de former des groupes correspondants aux divers pays où vécurent les de Bordes, de réunir et d'appareiller les matériaux de quatre ou cinq généalogies, avant d'aboutir à celle qui était l'objet de notre préférence.

1579, portaient : *D'or, au chevron de gueules.* (LAINÉ, *Arch. de la noblesse,* t. X.)

Les de Bordes qui contractèrent union avec les de La Briffe, dans la deuxième partie du xvie siècle, étaient ceux du Pouy et de Condom; nous le démontrerons plus loin.

La similitude du chevron dans les armes des Bordes du Bazadais et dans celles des Bordes du Condomois permettrait de soupçonner entre ces deux familles communauté originelle.

Je ne veux et ne dois passer outre sans témoigner à M. Denis de Thezan toute ma gratitude pour son assistance efficace dans l'œuvre que je vais aborder. Les profondeurs les plus mystérieuses de nos archives publiques ont été explorées par sa curiosité sagace et inquiète. De ce zèle investigateur, de cette constante et passionnée recherche, il a retiré une provision considérable de choses inédites, une connaissance intime de l'état des personnes dans le passé et le présent. Sa libéralité a livré à mon indiscrétion des cartons généalogiques au moyen desquels j'ai pu faire jaillir la lumière sur ce sujet obscur. Ma conscience n'eût pas été en paix si les faux scrupules de l'amitié m'avaient empêché de rendre hommage à la science désintéressée de M. de Thezan. Je dois également au dévouement pratique, à la confraternité réelle de M. Léonce Couture, en retour d'une communication précieuse, un grand merci cordial et public.

GUILLAUME DE BORDES (*Vuillelmus de Bordis*) et l'abbé de Flaran furent présents à une concession d'Élias de Cavaldos, en faveur de l'abbaye de la Grand'Selve, le 5 des ides de juin 1183. Par cet acte de libéralité le couvent obtenait le droit de *faire dépaistre* ses bestiaux dans toute l'étendue des terres du donateur [1].

PIERRE DE BORDES et Guillaume de Galard, con-

1. Collection Doat ; vol. 76, fol. 208, Mss. Bibliothèque Impériale.

suls de Condom, participèrent, le 5 mars 1271, à l'oc-
troi des coutumes de La Sauvetat. Les habitants de ce
lieu reçurent ces franchises des mains d'Auger d'Andiran, abbé de Saint-Pierre de Condom, et de Garsie ou
Géraud de Cazaubon, seigneur du Saint-Puy[1]. Le même
Pierre de Bordes assista à la promulgation des immu-
nités de Barran, accomplie, en l'année 1279, par Géraud, comte d'Armagnac[2].

L'*Histoire de l'Agenais et du Condomois,* par Samazeuilh,
rapporte le fait suivant de vengeance britannique dont
fut victime un ARNAUD DE BORDES :

En 1292, mille symptômes précurseurs firent pres-
sentir le retour des hostilités. Philippe le Bel désirait
leur reprise, car il savait Édouard très-occupé chez lui.
Les causes de rupture étaient sérieuses des deux côtés.
Des vaisseaux normands avaient donné la chasse à des
navires de Bayonne et massacré les équipages sur les
côtes de Bretagne et à l'entrée de la Gironde où ils opé-
raient des chargements de vin. Ces pirates cinglèrent
ensuite vers la Rochelle, bannière flottante, château à
l'avant, château à l'arrière, ainsi que gens allant au
combat. D'autres caboteurs de Bayonne et de Bordeaux
longeaient le littoral de France et voguaient vers le
nord, quand ils virent « les Normands leur courir sus
et félonieusement contre la paix criée. » Les Gascons

1. MONLEZUN ; *Histoire de Gascogne,* t. II, p. 416.
2. *Idem.,* t. V.

acceptèrent la bataille et la victoire leur resta. A ces griefs étaient venus s'ajouter ceux-ci : des officiers du monarque anglais avaient tranché le poignet à des sergents du roi de France, étranglé le commandant de Castelculier (Agenais), et sévi contre les députés du sénéchal de Toulouse. Les lieutenants d'Édouard avaient encore jeté aux fers un grand nombre de personnes, notamment maître Raymond de Lacussan, avocat d'Agen, pour avoir dit qu'il était licite d'appeler du sénéchal de Gascogne et de toute la terre d'Agenais au roi de France. D'autres promoteurs de cette pensée patriotique furent livrés à la torture. Certains même, comme Bernard Pelliterne et Arnaud de Bordes, furent pendus après avoir été conduits au gibet, « un rouleau de bois « dans la bouche attaché par les deux bouts derrière le « col, afin qu'ils ne pussent ni parler ni renouveler « leur appel [1]. » Édouard Ier avait été d'autant plus sévère envers le Condomois Arnaud de Bordes, que, durant son séjour à Condom en 1289, il avait tout mis en jeu pour entraîner ou retenir sous son pouvoir la bourgeoisie de ladite ville. Philippe le Bel devait apprécier d'autant mieux les services de ceux qui, repoussant les séductions du prince étranger, avaient poussé jusqu'au martyre leur dévouement à la cause nationale. On verra plus loin que la gratitude royale se témoigna envers la

---

[1]. Samazeuilh ; *Histoire de l'Agenais, du Condomois,* etc., t. I, p. 335 et 336. — Archives de l'Empire, *Olim,* 2e registre, fol. 1.

famille d'Arnaud de Bordes [1] sous la forme d'honneurs, de dignités et largesses de toutes sortes.

GARSIE RAYMOND DE BORDES (*Garsias Raymundi*) [2], qualifié bourgeois de Condom, fut compris dans une procédure criminelle. Le 13 octobre 1300, le sénéchal d'Agen, Pierre de Larrivau (*de Rivali*), rendit, conjointement avec l'abbé de Condom, un jugement affirmant la culpabilité de Garsie Raymond et celle de trois de ses enfants [3] qui étaient :

BERTRAND, RAYMOND ET JEAN DE BORDES.

Barthélemy de la Salle ou de Cours (*de Curte*) procureur du roi en Agenais, renvoya de l'accusation Jean de Bordes, prévenu d'avoir trempé dans le meurtre de Bernard de la Fabrique, bourgeois de Condom; l'attentat avait été perpétré par un nommé Pierre d'Espagne (A). Les auditeurs de cette sentence furent : Raymond de Campet, Guillaume de Loubens, Pierre de Macary et Othon de Beaupuy, notaire du Condomois [4].

GÉRAUD ET BERNARD DE BORDES sont nommés dans un acte de foi rendu, en l'an 1303, aux consuls

---

1. Peut-être même ceux qui les obtinrent étaient-ils ses fils.

2. Lorsque, sur deux prénoms, le premier est au nominatif et le second au génitif, celui-ci exprime la paternité; *Garsias Raymundi* veut donc dire : *Garsie, fils de Raymond;* deux mots résument ainsi deux générations. La troisième nous est révélée par le même document qui désigne ces trois enfants de Garsie : Bertrand, Jean et Raymond.

3. Carton Q, n° 254, Archives de l'Empire.

4. *Idem.*

de Condom par messire Guy Herpin, sénéchal d'Agenais et mandataire du roi d'Angleterre, duc d'Aquitaine[1].

JEAN DE BORDES apparut à la rédaction d'une charte, en vertu de laquelle Ayssin de Galard autorisa les consuls et les habitants de Terraube à murer leur ville[2].

Les noms de baptême Guillaume, Bertrand, Raymond, Bernard, Géraud et Pierre, qui se montrent sur les divers degrés de l'échelle chronologique ci-dessus, vont, aux générations suivantes, reparaître tour à tour et raffermir ainsi la présomption de communauté de sang, déjà basée sur l'identité de lieu.

Nous ne pouvons dire si ce Jean est le même que celui qui reçut, le 15 mai 1329, de la clémence d'Édouard III une remise de peines. Il avait, ainsi que SANS DE BORDES, probablement son parent, Martin de Lartigue, Géraud de Preissac, prêté aide à Arnaud de Durfort dans un attentat contre la vie d'Arnaud Noilak, bourgeois de Penne. Nous donnons en note un extrait des lettres de pardon qui furent renouvelées le 7 février 1332[3].

1. Carton Q, n° 254, Archives de l'Empire.
2. MONLEZUN; *Histoire de Gascogne*, t. VI.
3. « Rex.... sciatis quod ad requisitionem nobilis viri et fidelis nostri « Arnaldi de Durofforti... pardonavimus et remisimus, de gratia nostra « speciali, Arnaldo de Durofforti ac Dastafort, Arnaldo Guillelmi de Salles, « *Sancio de Bordes,* Arnaldo de Samadet, Barrelo Martini de Lartigue,

GUILLAUME-ARNAUD DE BORDES, en 1309, vendit son moulin de Barbaste à Amanieu d'Albret; c'est ainsi que le petit-fils de ce dernier, Henri IV, put devenir, deux siècles et demi plus tard, meunier de Barbaste [1]. Conformément à l'observation émise plus haut, Guillaume-Arnaud de Bordes pourrait être le fils d'Arnaud, supplicié par les Anglais. A cette époque, ainsi que nous l'avons déjà noté, les prénoms étant presque toujours isolés, lorsque deux se trouvent réunis, le second, s'il est au génitif, représente le plus souvent celui du père. Malheureusement, le texte ayant été traduit en français et non reproduit en latin par D. Villevieille, il nous est impossible de savoir si Arnaud procréa Guillaume. Rien ne nous garantit non plus que ce Guillaume-Arnaud soit ou ne soit pas le même que Guillaume de Bordes, évêque de Lectoure [2]; mais il

---

« Garsie Arnaldo Fabri (Dufaur), Geraldo de Presat (Preissac), Geraldo de « Peres, Bascol Aubarede, Arnaldo Dasques, Petro de Stagno, Arnaud de « Coustures, Bertrand d'Alart, *Johanni de Bordes,* familiaribus ipsius Arnaldi « de Durofforti et eorum cuilibet sectam pacis nostre que ad nos pertinet pro « morte Arnaldi Noilak, burgensis de Penne, unde denunciati vel accusati « existunt. » (Coll. Brequigny, vol. 73, fol. 244.)

1. *Coll. D. Villevieille;* vol. 17, fol. 89, Bibl. Imp.

2. Un document des archives de Lectoure, publié par la *Guienne monumentale,* nous apprend que 30 ans plus tard (1339), un maître GUILLAUME BORDES était consul en la susdite ville. Nous reproduisons la pièce à notre tour : « L'an M. III. et XXXIX, à quatre jorns del mes de desembre los « s s. Johan d'Aurignac, Rey de Boquet, Gualhard Azema, Sans d'Escous- « sigué, Johan Bezin, mestré Guilhem Bordes, conseilh de la ciutat de Lay- « tora de l'an dessus dit, aliuren (aliènent) et à novet fins balhen à Pey et à

n'est pas arbitraire d'admettre qu'il était lié par le cou-
sinage avec ce prélat et ses frères qui vont venir ci-
après. L'un d'eux, Pierre, comme on le verra dans son
testament, avait des propriétés à Viane, c'est-à-dire
tout près de Barbaste.

L'avénement de Bertrand de Goth à la tiare va nous
expliquer l'extension territoriale et l'élévation honori-
fique de la famille de Bordes représentée alors par
trois frères, dont nous allons raconter la vie toute semée
et fleurie des bienfaits de la papauté et de la monarchie. L'aîné, *Bertrand*, devint cardinal et camerlingue
de la Sainte Église Romaine; le second, *Guillaume*, s'assit sur le siége épiscopal de Lectoure; le troisième,
Pierre, reçut de la royauté la ceinture militaire et la
terre de Launac. Le pontificat de Clément V fut inau-
guré par une profusion de faveurs au profit de ses parents, clients et amis [1].

« Guilhem de La Guarda, frays habitans de Laytora, tota aquera pessa de
« terra aperada la tasqua de Repassac, plena de segua et despinas, loqual sia
« de la billa, del pual no abia negum..., et par tant que la desborigué et la
« adobé et la essartigué, en la ribera del Gers, confrontant ad la riu de Cor-
« regé et ab la correro publica et ab lo flubi del Gers et ab to prat de Gua-
« lard Azema et ab le prat dals heretes de Bidou Delas..., ab la pencion de
« quatre dinés de morlaas (environ 12 deniers tournois), paguados cascun an
« en la festa de Tot Sans, parats et per tot temps ab carta estanguada (par
« acte passé), pu mestré Domengès de Troussens, notary, l'an et le jorn des-
« sus dit. » (*Note trouvée à la municipalité de Lectoure.*)

1. A cette époque, le territoire de Condom, n'ayant pas été encore érigé
en diocèse, dépendait de l'évêché d'Agen. C'est dans cette dernière ville que
Bertrand de Goth fit ses humanités à côté d'Arnaud d'Aux. Il est probable

BERTRAND DE BORDES, qui devait appartenir à l'une de ces catégories, fut installé d'abord, à Lectoure, dans un canonicat. Cette nomination, suivant Baluze, peut être classée entre les années 1305 et 1306. Au commencement de la suivante, le pape l'appela à la charge de camérier et à l'évêché d'Alby.

Aubery, dans son *Histoire générale des cardinaux*, page 102, tome Ier, assigne à l'avénement épiscopal de Bertrand de Bordes l'année 1309, ce qui est inexact. En effet, le 18 janvier 1307, Guillaume d'Allemans, seigneur de Villeneuve, abandonna à Bertrand, évêque d'Alby, les dîmes qu'il percevait sur plusieurs églises de ses terres. La nomination de Bertrand de Bordès et la translation de Bernard de Castanet, son prédécesseur, sur un autre siége, doivent être antérieures, par conséquent, à 1307. Les auteurs du *Gallia christiana* et ceux de l'*Histoire de Languedoc* ont donné au même fait la date de 1308[1]. Bien qu'ils se soient rapprochés de la vérité, l'observation ci-dessus leur est également applicable[2].

que Bertrand de Bordes, ayant fait les siennes en leur compagnie, suivit ses camarades aux Universités de Boulogne et d'Orléans. C'est sans doute par suite de leur amitié de jeunesse avec Clément V, que Bertrand de Bordes et Arnaud d'Aux eurent une fortune parallèle. Tous deux débutèrent par un canonicat, tous deux occupèrent l'intime emploi de camerlingue, tous deux parvinrent au cardinalat. (*Mémoire généalogique de la maison d'Aux de Lescout.* Appendice, p. 1 et 2.)

1. D. VAISSETTE; *Hist. de Languedoc,* t. IV, liv. XXIX, p. 143.

2. Baluze s'est également trompé d'une année quand il a dit : « Dein anno,

La rapide ascension de Bertrand de Bordes à l'épiscopat fut-elle due à ses mérites supérieurs, à des in-
fluences de terroir ou de cour? On l'ignore. Nous savons
toutefois que le népotisme devint alors très-prospère.
Quoi qu'il en soit, s'il était le voisin de Clément V, originaire du Bazadais (sur les confins du Condomois),
Bertrand de Bordes était pourvu de lumières et d'un
caractère militant qui le prédestinaient à sa fonction. Il
l'exerça avec une fermeté comparable à celle d'Amanieu
d'Armagnac, archevêque d'Auch, que le catholicisme,
au moyen âge, peut compter parmi ses plus fervents
et pratiquants autoritaires. Qu'on me pardonne la
nouveauté de ce dernier mot en faveur de l'ancienneté de la chose. Son ardeur apostolique fit mar-
cher de front les conquêtes temporelles et spirituelles.

Durant son court passage sur le siége d'Alby son
activité fut incessante. Il fit restituer à Guillaume d'Allemans, seigneur de Villeneuve, à Lambert de Triffiac,
chevalier, à Guillaume Sicart, à Raymond de Rabastens,
à Guillaume Marsilio, etc., des dîmes dont la plupart
des églises d'Alby avaient été dépouillées [1]. D'autres
revenus, enlevés au domaine ecclésiastique par Raymond de Pène, Bertin de Salles, Bertin Rigal, furent
également recouvrés. Non content d'avoir repris la ma-

« MCCCVIII, cum Bernardus de Castaneto, episcopus Albiensis, ad Aniciensem
« cathedram translatus est, Bertrandus ei substitutus est in Albiensi. »

1. Coll. Doat; t. VI, fol. 84 et suivants; Mss. 11, Bibl. Imp.

jeure partie des rentes échappées à ses prédécesseurs, le prélat se fit armer d'un pouvoir, encore terrible à cette époque, et menaça de le diriger contre les détenteurs récalcitrants. Le 4 des calendes de juillet 1309 une bulle du pape Clément V lui mit au bras la censure ecclésiastique et aux mains les deux tiers des biens revendiqués.

Les dîmes ressaisies par l'autorité forte de Bertrand de Bordes, servie et appuyée par celle de Mathieu de Furtibus Jumellis, juge de Quercy, furent celles des églises ci-après : de Villeneuve de Ulmis, Aureliano de Cestayrols, de Saint-Jean de Montiliis, de Saint-Martin, de Saint-Étienne, de Brunhaco, de Saint-Pierre-de-Combers, de Saint-Pierre-de-Monestier, de Canceleriis, de Sancto-Fructuoso, de Amairaco, de Marsilio, de Saint-Jérosme, de Saint-Georges, de Saint-André, de Saint-Pantaléon, etc. [1]

Un an après son élévation à l'épiscopat, le 13 des calendes d'octobre 1308, il avait délégué Hélias de Faga, abbé d'*Albæ Petræ,* diocèse de Périgueux, et Centulle de Glatens, chanoine de Lectoure, pour agréer en son nom l'hommage qui lui était dû, à raison de plusieurs châteaux et forteresses de la vallée de Monestier, par Guiraud de Cadola [2].

---

1. Coll. Doat; t. VI, fol. 82. — Jugeant fort délicat de retoucher l'orthographe des noms de lieux, nous la maintenons conforme au texte manuscrit.

2. *Ut suprà.*

En juillet 1309, des lettres de Bertrand de Bordes, évêque d'Alby, confirmées par une bulle de Clément V, attribuèrent à autre Bertrand de Bordes, chanoine de Saint-Hilaire de Poitiers, les dîmes de Fiteto, de Genesteriis, de Sancto-Salvo, lieux situés en Albigeois, dans l'archiprêtré de Saint-Gervais [1].

Le même personnage ayant fait une donation de quelques cens à Raymond Casêtis, chanoine de l'église de Bordeaux, le dernier janvier 1310, un bref du souverain pontife vint la reconnaître et consacrer le 3 juillet suivant [2].

En 1310, comme on le verra tout à l'heure, ayant thésaurisé quatre mille livres tournois, Bertrand de Bordes les fit loger dans des sacs, scellés du sceau de son trésorier, puis, au nom de son frère Guillaume, mettre en réserve et sous bonne garde dans le couvent des Frères prêcheurs de Toulouse.

Dans l'ordre spirituel, il se montra non moins jaloux et vigilant : il fit défendre à Raymond, évêque de Cahors, de donner de son propre mouvement la bénédiction dans le diocèse et la cité d'Alby, absolument comme un seigneur interdisait de chasser sur ses terres. Une requête et une autorisation préalable étaient de rigueur. Raymond reconnut la légitimité du monopole et s'engagea humblement, le samedi de la Pente-

1. Collection Doat.
2. *Idem.*

côte 1309, à n'administrer le sacrement susdit qu'après avoir obtenu le consentement de son sévère collègue [1]. La même année eut lieu la deuxième promotion de cardinaux du règne de Clément V. Sur cinq barrettes, quatre échurent à des Gascons. L'un d'eux, digne d'un tel honneur sous tous les pontificats, était celui qui nous occupe [2].

Ferdinand Ughel [3], François Bosquet [4], Baluze [5], Aubery [6], ont relevé ou évité une erreur de Ciaconius (*Chacon*) qui, confondant l'évêché d'Alby avec celui d'Albano, avait attribué à Bertrand de Bordes ce dernier siége italien, chose inadmissible, puisqu'il fut donné par Boniface VIII, au mois de mars 1300, à Léonardo Patrasso. Celui-ci l'occupait encore en décem-

1. Noverint universi quod, nos Raymundus permissione divina Caturcensis episcopus, recognoscimus, nos non habere potestatem signandi vel benedicendi in civitate et dyocesi Albiensi, de jure vel de consuetudine nisi de voluntate Domini Episcopi Albiensis vel vicariorum suorum. Datum Albiæ, die sabbati ante festum Pentecostes, anno Domini millesimo trecentesimo nono. (*Doat,* vol. 108, fol. 336.)

2. On lui connaît pourtant des largesses, mais toutes relatives à son ordre : il donna à son chapitre l'église de Saint-Vincent et la *rectorerie* de Saint-Georges en juin et novembre 1310. (*Gallia christiana,* t. I, fol. 22, 23.)

3. *Italia sacra, sive de episcopis Italiæ et insularum adjacentium rebusque ab iis præclare gestis,* Authore D. Ferdinando Ughello, Florentino, t. I, p. 309.

4. Francisci Bosqueti : *Pontificum Romanorum qui e Gallia oriundi in ea sederunt historia,* p. 13.

5. Stephanus Baluzius : *Vitæ Paparum Avenionensium,* t. I, p. 660.

6. *Hist. générale des cardinaux,* par Aubery, t. I, p. 402-403.

bre 1311[1]. A cette date, Bertrand de Bordes était décédé depuis deux mois ; sa mort étant advenue le 21 septembre précédent. Nulle vacance n'avait donc eu lieu pour Albano de 1300 à 1311. Dans l'intervalle, l'administration du diocèse d'Alby est aux mains de Bertrand de Bordes. Ce fait résulte des documents du fonds Doat et des historiens religieux, tels que Bernard Guidon, Duchesne, le *Gallia christiana*. Avec eux sont également d'accord Baluze, Ughel, Aubery et plusieurs autres qui combattent la susdite confusion de Ciaconius[2]. Il est juste de reconnaître, puisque personne ne l'a fait encore, que l'erreur persiste simplement dans les deux premières éditions, publiées à Rome, en 1601 et 1630. Celle qui fut augmentée de trois volumes par ses continuateurs, en 1677, critique et redresse cette méprise en ces termes :

« Bertrandus de Bordis, natione Gallus, ex episcopo Albigensi seu Albiensi, ex quâ civitate Albigenses hæretici dicti, a Clemente V cardinalium senatui adscriptus, titulo Sanctorum Joannis et Pauli, teste Contelorio, in

---

1. *Hist. générale des cardinaux,* par Aubery.

2. « Bertrandus de Bordis, Gallus, ex episcopo Albiensi episcop. card. « Albanus postea S. R. E. camerarius Clement V. Regestum sub quo moritur « Avenione. » (*Vitæ et res gestæ Pontificum Romanorum S. R. E. Cardinalium ; auctoribus Alphonso Ciacono, etc. Romæ, 1630, vol. in-fol., page 838*). — Ciaconius eut deux homonymes ; l'un fut son neveu, et l'autre Pierre Ciaconius, né à Tolède, en 1525, et auteur de plusieurs ouvrages sur l'antiquité.

elencho cardinalium, atque Oderico Raynaldo in anna-
libus ecclesiasticis, et S. R. E. camerarius electus est,
contra Ciaconium[1] ac Petrum Frizonium, qui Bertrandum, episcopum cardinalem Albanensem, a Clemente
renunciatum affirmant, sed male. Nam ecclesiam Albanensem, ab anno 1300 usque ad annum 1320, rexere
Leonardus Patrassus, et Arnaldus de Auxiliis; primus
videlicet ab anno 1300 usque ad 1311, alter ab anno 1312
usque ad 1320 [2]. »

Ughel, à son tour, renverse la grossière erreur qui
introduit Bertrand de Bordes dans la série des évêques
d'Albano. Lui aussi fixe la mort du camerlingue Condomois au 21 septembre 1311, et constate qu'à ce
moment Léonard Patrasse ou Patras était en activité
dans sa prélature d'Albano [3].

1. Ciaconius donne les armes de Bertrand, évêque d'Alby, antérieures
par conséquent à l'anoblissement de la famille de Bordes par Philippe le Bel,
il sera question de ces armes plus loin. Sous la lettre (B) à l'*Appendice* on
trouvera une explication à ce sujet.

2. *Ciaconius,* tomus secundus; éd. de 1677.

3. Leonardus Patrasso de Guerrino, episcopus Alatrinus, Bonifacii octavi
avunculus, ex archiepiscopo Capuano, ab ipso electus est episcopus cardinalis Albanensis, anno 1300, die secundâ martii; Avenione decessit anno
1311, nonis decembris. Hic ille est, qui cum aliis quatuor cardinalibus col-
legis ad septimum Henricum imperatorem, a Clemente quinto legatus anno
1311, die 12 septembris, tametsi Avenione decesserit antequàm sibi imposi-
tum munus expleret, eodem anno die 7° decembris, ex libro obligationum.
Male Ciaconius hunc obiisse refert anno 1308, nonis decembris. Quem de
Guercio vocat Albertinus Mussatus, libro de rebus gestis Henrici septimi,
imperatoris. Post hunc Leonardum purpuratum, Ciaconius supponit inter
episcopos Albanenses Bertrandum de Bordis, qui ex episcopo Albiensi factus

Aubery répète la même chose en français : « Ciaco-
« nius et quelques autres le font évêque d'Albe; mais
« je ne puis approuver leur opinion, parce que j'ai
« remarqué que l'évêché d'Albe n'a point été vacant
« que sur la fin de 1311, et que Léonard Patrasso, créé
« par Boniface VIII, au mois de mars 1300, n'est
« décédé qu'au mois de décembre 1311[1]. »

Bertrand de Bordes fut nommé cardinal du titre de
Saint-Jean et Saint-Paul[2].

Les autres évêques qui reçurent la pourpre en même
temps que Bertrand de Bordes furent Arnaud de Fel-
guières ou Felquier, originaire de Guienne, Raymond
de Fargis, fils d'une sœur de Clément V, Bernard de
Garvo, de Sainte-Livrade, né d'une de ses cousines
germaines, enfin, Arnaud de Nouveau (Novelli), vice-
chancelier des cardinaux. Lors de la troisième création,
qui eut lieu en 1312, les compatriotes du pape furent
encore en majorité. Le chapeau rouge fut donné à deux
Condomois : Arnaud d'Aux et Guillaume de Teste, ainsi
qu'à Guillaume Godin, de Bayonne, lecteur du sacré

est presbyter cardinalis, tituli Sanctorum Joannis et Pauli, die 21 decembris 1310. Obiit vero, anno 1311, die 21 septembris, S. R. E. camerarius,
cum adhuc in humanis esset Leonardus Patrassus, Albanus episcopus, ut
habet liber obligationum. (*Italia sacra, sive de Episcopis Italiæ et insularum adjacentium rebusque ab iis præclare gestis.* — Authore D. Ferdinando Ughello, Florentino, tomus primus, p. 267. Venise. 1717.)

1. AUBERY, *Hist. générale des cardinaux*, t. I, p. 402.

2. On lui attribue titulum SS. Joannis et Pauli, dit le *Gallia chris-*

palais, à Jacob Duèse, et non d'Euse, fils d'un bourgeois
de Cahors, qui s'assit sur la chaire de Saint-Pierre sous
le nom de Jean XXII, à Raymond, abbé de Saint-Sever,
et à Vital du Four, de Bazas [1].

Bertrand de Bordes ne vécut pas longtemps dans le
sacré collége, car il n'était plus le 21 septembre 1311 [2].
Ses restes obtinrent le rare privilége d'aller partager
la sépulture du pape en l'église d'Uzeste, ainsi que le
marque le nécrologe de Lectoure : *VII Kalend. septemb.
obitus reverendiss. in Chro. domini Bertrandi de Bordis, cardinalis, qui est sepultus in ecclesiâ Beatæ Mariæ de Usestia
una cum SS. PP. Clemente V* [3]. Notre-Dame d'Uzeste se
trouve dans l'arrondissement de Bazas, à quatre kilo-
mètres est de Villandraut. Le tombeau de Clément V,
dit Duchesne, « fut enrichy de jaspe, de marbre et al-
« bâtre, en 1359, et ruiné par les hérétiques en 1558. »
On y lisait l'épitaphe que voici : HIC JACET FILIUS RECOR-
DATIONIS DOMINUS CLEMENS PAPA V, FUNDATOR ECCLESIARUM

1. Dans la première ordination furent compris Pierre de Taillefer,
Limousin ; Arnaud de Cantaloup (de Guienne), parent de Clément V et
archevêque de Bordeaux ; Thomas Joyce, Anglais ; Arnaud de Pellegrue,
Agenais ; Guillaume Arcupat, *Clementi affinitate conjunctus ;* Nicolas Fari-
nula, de Rouen ; Pierre Arnaud, Béarnais, abbé de Sainte-Croix de Bordeaux, vice-chancelier de l'Église romaine ; Raymond de Goth, comme le
pape, son oncle, né à Villandraut.

2. STEPHANUS BALUZIUS : *Vitæ Paparum Avenionensium.* — *Gallia
christiana,* t. I, p. 22.

3. Coll. Etiennot : *Fragmenta historica,* t. XI ; Mss. n° 570, Bibl. Impériale.

COLLEGIATARUM DE UZESTA ET DE VINHERDRAUDO, QUI OBIIT APUD RUPEM-MAURAM, NEMAUSENSIS DIOCESIS, DIE 20 APRILIS, PONTIFICATUS SUI ANNO NONO, PORTATUS VERO AD ISTAM ECCLE-SIAM BEATÆ MARIÆ DE UZESTA, ANNO DOMINI 1314. 27 DIE. AUGUSTI TUNC ET SEPULTUS DIE ANNO DOMINI 1559 [1]. Arnaud d'Aux, compatriote de Bertrand de Bordes, lui succéda en qualité de camerlingue de la Sainte Église Romaine, office différent de celui de camerlingue du pape. Ar-naud d'Aux tenait la dernière fonction lorsqu'il fut investi de la première. Cette distinction entre deux charges ayant même titre, mais non mêmes attribu-tions, explique certaine bulle de 1312 dans laquelle Arnaud d'Aux rend compte de son administration, à partir de l'exaltation de Clément V, c'est-à-dire depuis 1305 [2].

GUILLAUME DE BORDES, qui tenait, en 1310, de la confiance de Clément V l'administration du diocèse de Lectoure, était le frère du précédent.

Un titre rapporté par Doat semble impliquer que dans l'épiscopat le souci du ciel n'excluait pas celui de la terre. Le 12 de la sortie de février 1310, Jean-Adhé-mar, sous-prieur de l'ordre des Frères prêcheurs, dé-clara, dans le couvent de Toulouse, que Vital de Brama-

---

1. DUCHESNE; *Hist. des Papes et souverains chefs de l'Église*, t. II, p. 257.

2. *Mémoire généalogique de la maison d'Aux de Lescout, dressé sur les actes originaux et titres existants au cabinet du Saint-Esprit.* Appen-dice, p. 5.

cava, chanoine de Saint-Gaudens, avait déposé dans un coffre du dortoir du monastère, pour le compte de Guillaume, évêque de Lectoure, quatre mille livres tournois, sur lesquelles mille vingt-deux étaient en florins d'or. La somme, considérable pour le temps, était distribuée en vingt sacs, dont dix-huit étaient scellés du sceau de Hugo Ricard, trésorier de Bertrand de Bordes, cardinal et camérier du pape, naguère assis sur le siége d'Alby. Ce dépôt monétaire était surchargé de trente-quatre coupes et soucoupes d'argent doré, et de neuf vases du même métal. Cette consignation eut lieu l'an 1310, en présence de Pierre de Bordes, frère des deux prélats. Le bahut qui retenait ces précieux trésors fut soigneusement et solidement fermé par le sous-prieur, qui, pour mieux sauvegarder sa responsabilité, mit les clefs dans ses poches [1]. Le texte latin de cet acte est rapporté à l'*Appendice*, lettre (C).

Guillaume de Bordes apparaît dans le testament de noble Condor de Saubolée, *alias* Saboulie [2], veuve du baron Bertrand de l'Isle, damoiseau, seigneur de Terraube. La pieuse dame, au moment d'énoncer ses dernières intentions, voulut s'inspirer des conseils de l'évêque de Lectoure, son parent par alliance, que nous trouvons auprès d'elle [3] le 4 des calendes de mars 1313. La testatrice

1. Doat; vol. 108, fol. 376. Cabinet des titres.
2. Elle avait pour oncle paternel Pierre de Saboulie, évêque de Couserans.
3. *Gallia christiana*, t. I, p. 1079.

était tante de Reale ou Royale de Faudoas, femme de Pierre de Bordes, chevalier, frère des deux prélats, et tante aussi de Reale de Faudoas, fille de Bertrand Ier, seigneur de Faudoas, Hauterive, Avensac, Sarrant, Cadours, Dudras, etc. Ce dernier avait épousé Séguine de Saubolée ou Saboulie, sœur de Condor, toutes deux issues de Hugues de Saboulie, seigneur de Cauze[1], et de Reale ou Royale de Montech, dame en partie de Levignacq[2]. Du prénom de celle-ci dérivèrent tous ceux qui se présentent si fréquemment aux xiiie et xive siècles, dans la descendance féminine des Faudoas. Ces explications étaient nécessaires pour prévenir toute confusion entre les deux cousines germaines appelées Reale de Faudoas. L'une était fille de Beraut, et l'autre de Bertrand, son frère aîné et légitime. Pierre de Bordes, seigneur de Launac, épousa la première, et Ayssin de Galard, la seconde. Une troisième, Reale de Faudoas, fille d'autre Beraut, fondateur de la branche d'Avensac, fut, comme les précédentes, légataire de Condor de Saboulie[3].

Après cette digression, que je crois utile, revenons au testament de Condor de Saboulie, dame du baron de l'Isle. Son fils unique, l'un des hoirs principaux de la grande race de son mari, était descendu dans la

1. Près Condom.

2. *Hist. généal. de la maison de Faudoas*, p. 7, 8 et 9.

3. *Idem.* — La terre de Saboulie appartenait, en juin 1431, à Bernard d'Ornezan, sgr. de Saint-Blancard, époux de Béatrix de Mauléon.

tombe sans laisser de postérité. En ce triste isolement, Condor de Saboulie, le 2 juillet 1314, étant au château de Plieux, avait fait une donation, confirmée plus tard, à Terraube, en faveur de son neveu, Bertrand de Faudoas, fils aîné d'Ayssin, seigneur du Cauze[1].

Les fruits seuls furent réservés pour elle et pour sa sœur Séguine durant leur vie. Ses legs furent ensuite répartis entre Condor de Faudoas, sa nièce, religieuse au cloître de Bouloc, N. de Lomagne, Condor de Galard, fille d'Ayssin de Galard, et Reale ou Royale de Faudoas, fille de Beraut et épouse de Pierre de Bordes, chevalier. Condor de Saboulie fit un codicille au château du Cauze[2], le 15 novembre 1326, auquel assista également Guillaume de Bordes, évêque de Lectoure.

En mars 1330, le pasteur abandonnait son troupeau diocésain, ses richesses personnelles, et rendait son âme à Dieu. Un article de son nécrologe porte que ledit *Reverendus in Christo dominus Guillelmus de Bordis, bonæ memoriæ, Episcopus Lactorensis, legavit capitulo certos redilus per eum acquisitos in villa Sancti Clari*[3]. Ces deux dignitaires de l'Église avaient pour troisième frère le suivant :

PIERRE DE BORDES fut comblé de bienfaits par Philippe le Bel. Ce prince lui céda ses droits sur la

---

1. *Histoire généalogique de la maison de Faudoas,* p. 7, 8 et 9.
2. *Idem.*
3. *Gallia christiana,* t. I, p. 1080.

seigneurie de Launac, en Lomagne [1], au mois de juin 1311. Il lui délivra la même année des lettres de noblesse, datées de Moyenville, avec faculté de revêtir la ceinture militaire [2]. Le bref royal porte : que cette faveur est accordée à Pierre de Bordes, bien qu'il ne soit peut-être noble du chef de père et mère : « ut licet « ex utroque parente nobilis forsitan non existat..... a « quolibet ad hoc idoneo cingulum recipere valeat « militarem et quod ex tunc ipse posterique sui nobi- « lium gaudeant dignitate [3]. »

L'anoblissement et le port de la ceinture militaire étaient toujours le prix de services signalés. Dans le testament de Pierre de Bordes, rien ne semble trahir des exploits personnels en faveur de la monarchie. Tout porte à croire que Philippe le Bel, en le gorgeant de biens, voulut reconnaître dans Pierre, le zèle de ses frères religieux et la grandeur du sacrifice d'un de ses devanciers, c'est-à-dire la fin tragique d'Arnaud de Bordes, horriblement puni de son zèle pour le roi de France.

Pierre de Bordes fit son testament au lieu de Volps, diocèse de Lectoure, le 4, à la sortie de mars 1327. Dans cet acte, que nous reproduisons plus loin en

---

1. Reg. J. J., n° 46, fol. 39. Arch. de l'Empire. — Le roi donne à Pierre de Bordes la qualité de *valletus noster*.

2. D. Vaissette : *Hist: du Languedoc,* t. IV, p. 143.

3. Baluze : p. 659. — *Gallia christiana,* t. I, p. 22.

partie (D), il se qualifie : chevalier, seigneur de Launac. Les exécuteurs de ses ordres sacrés furent son frère Guillaume et son fils Géraud, le premier évêque, et le second archidiacre de Lectoure. Le testateur institua héritiers universels : Bertrand et Bernard de Bordes, l'aîné et le cadet de ses enfants, et gratifia les deux autres, Raymond-Arnaud et Pierre[1] de Bordes, de plusieurs legs ; un autre Bertrand de Bordes, son fils naturel, fut inscrit pour un don de quatre cent livres. Sa fille Géraude, mariée à noble Géraud Hunaud de Lanta, eut aussi sa part dans les souvenirs paternels. Les églises d'Astaffort, d'Agen, de Belleperche, de Volps, de Gimbrède, de Rouilhac, de Rocamadour, de Launac, de Barbonville, du Carmel de Toulouse, de Grenade, de Sainte-Mère, de Damayrac, de Lectoure, de Viane, du Pouy[2], dont sa descendance gardera la seigneurie, furent dotées par lui de plusieurs sommes.

Ses libéralités d'outre-tombe récompensèrent tous les dévouements domestiques. Nul ne fut oublié dans son entourage. Sa générosité s'étendit jusqu'à maître Pierre, son apothicaire de Condom, dont il reconnut

---

1. Tous ces prénoms rappellent ceux que nous avons vus plus haut, ce qui milite en faveur d'une proche parenté ou descendance.

2. « Item, lego operi de Podio viginti solidos Arnaldenses, » et plus loin : « Item, lego ecclesiæ Beatæ Mariæ de Podio unum calicem argenti de marca « cum dimidia. »

les services intimes par un don de dix livres tournois[1].
Une telle distribution de largesses fait présumer une
fortune considérable, et, ce qui est mieux, un noble
emploi. Les possessions territoriales de Pierre de
Bordes, en effet, étaient fort étendues. Dans ce document, que nous résumons, on trouve une sorte de
dénombrement de ses biens et ténements sis à Bali-
gnac, Montgaillard, Volps, Popes, Marsac, Astaffort,
Barbonville, Roques, Mensac, Launac, Valence, Plieux,
en diverses paroisses de Lomagne, de Condomois[2],
d'Agenais, ainsi qu'aux diocèses de Toulouse et Montauban. Parmi les seigneurs appelés à sanctionner de
leur présence ces prescriptions solennelles, nous trouvons Guillaume de Bordes, évêque de Lectoure, Gaillard de Revignan, damoiseau, Fort de Roques (*de
Rupibus*)[3].

Aucun historien ni biographe n'ont marqué le lieu
d'origine de Pierre de Bordes et de ses frères. Duchesne,
un des généalogistes les plus érudits de son temps,
déclare ne rien savoir sur leur naissance et leur famille.
Le *Gallia christiana*, Ughel, gardent le silence à ce
sujet. Ciaconius ne particularise pas davantage en
indiquant que le cardinal est de race française (*natione*

1. « Item, lego magistro Petro, ypotecorio de Condomis, decem libras
« Turonenses. »

2. « Omnia et res quæ habeo ego testator in Leom. et in Condon et Lac-
« torensis diocesis. »

3. Coll. Doat, vol. 42, p. 313, 327; Mss. Bibl. Imp.

Gallus). Nous espérons, quoique tard venus, percer la
nuit qui couvre le berceau de l'archevêque d'Alby et
des siens. A notre avis, un grand service doit avoir
provoqué la libéralité de Philippe le Bel envers Pierre
de Bordes, qui paraît s'être contenté des titres paternels, et n'avoir rien fait individuellement. A ce point
de vue, Arnaud, qui expia sur les fourches patibulaires
son grand zèle pour la monarchie, fut surtout digne
d'être récompensé dans ses descendants par l'élévation
à la noblesse, la prérogative de la ceinture militaire et
les dons territoriaux. Si ce fait militait isolément en
notre faveur, la question serait loin d'être résolue.
Beaucoup d'autres, heureusement, viennent nous porter secours. Pierre de Bordes, on doit s'en souvenir,
laissa dix livres tournois à son apothicaire de Condom,
ce qui implique que son domicile était dans cette ville.
Il entra par la grâce souveraine dans la noblesse, où
aucun membre de sa race n'avait été admis avant lui.
Dans les autres contrées, jusqu'en 1300, les de Bordes
semblent avoir partout une existence seigneuriale. A
Condom ou dans les environs, ils ne jouissent que des
honneurs consulaires; aussi avaient-ils besoin d'être
élevés de caste, ce qui n'était pas nécessaire à leurs
homonymes d'ailleurs. Les Bordes pouvaient avoir
néanmoins le même principe que les autres. A une
époque où la nobilité, attachée au fief, n'était effective
que par lui, les cadets qui s'éloignaient du foyer natal,

ne possédant que l'espérance, étaient exposés à perdre leur qualité originelle dans le trajet de translation. La branche condomoise, plus pauvre et plus disgraciée sans doute que ses sœurs, put très-bien, si elle émigra, comme nous le croyons, du Couserans ou de Guienne, en Gascogne, perdre sa noblesse en chemin (E). Quoi qu'il en soit, elle ne l'avait plus depuis longtemps. Le lecteur voudra bien me permettre d'aller un peu en avant ou un peu en arrière, selon les exigences de la vérité, que j'ai mission de défendre et de dégager des nuages qui l'obscurcissent.

Pierre de Bordes, comme on l'a vu, eut un fils du nom de Bertrand, que Baluze paraît avoir confondu avec Bertrand de Bordes, chevalier et sénéchal du comte de Foix en 1333. Fort heureusement que sa conviction est exprimée avec prudence ; il dit : « Bertran- « dus de Bordis, miles, seneschallus Gastonis, comitis « Fuxensis et vice-comitis Bearnensis, ac locum tenens « ejus in comitatu Fuxi ; quem suspicari licet ejus Petri « filium fuisse cui Philippus IV, rex, concessit, etc. » Bertrand de Bordes, du pays de Foix, nous est suffisamment connu[1] pour que nous puissions victorieu-

---

1. Gaston, comte de Foix, pria Philippe VI, dit de Valois, de distraire sa comté du ressort de la sénéchaussée de Carcassonne et de l'attribuer, avec les villes et les fiefs qu'elle englobait, à la sénéchaussée de Toulouse. Robert de Foix, frère du comte, Bertrand de Bordes, son sénéchal et son lieutenant, Me Guillaume de Castelar, son procureur, se présentèrent, le 3 décembre 1334, devant Savaric de Vivonne, sénéchal de Toulouse, et lui demandèrent de

sement renverser la supposition de Baluze[1]. Cet écrivain avait deux motifs de confusion et plusieurs de distinction : les deux Bertrand existaient dans la première partie du quatorzième siècle. Chacun d'eux eut un père du nom de Pierre, dont l'un fit le testament résumé plus haut. Cet acte n'indique aucune possession du frère des deux prélats dans le comté de Foix, alors que celles d'ailleurs sont soigneusement énumérées. Les villes chères au testateur sont privilégiées d'un don ou d'un souvenir, aucune ville du pays de Foix n'y reçoit pareille faveur. Condom, en revanche, est relaté de manière à ne laisser aucun doute sur la résidence habituelle de Pierre de Bordes, et, partant, sur sa provenance locale. Il est évident que là où demeure l'apothicaire demeure aussi le client. En rapprochant cette circonstance et la mention de Viane des propriétés et du rôle antérieurement tenus par les de Bordes, soit à Condom, soit à Barbaste, soit dans les entours de ces deux localités, on peut admettre, sans se montrer hasardeux, que les trois illustres frères étaient Condomois. Cette opinion est corroborée par ce qui a été dit et même par la promotion au cardinalat de Guillaume

convertir en fait les ordres du roi. C'est précisément ce Bertrand de Bordes que Baluze a pris pour son homonyme, l'aîné des fils de Pierre et des neveux du cardinal.

1. C'est ce que nous ferons ailleurs, quand nous arriverons au nom de Bertrand, l'aîné des enfants de Pierre et des neveux du cardinal, qui, selon toute probabilité, avait été son parrain.

de Teste et d'Arnaud d'Aux, tous deux concitoyens de l'archevêque d'Alby. Une raison décisive entre toutes, c'est que la postérité de Pierre s'est continuée, dans les entours de Condom, à Pouy, Goualard, Puyfontain, Medici près Valence-sur-Baïse, Roquepine.

La possession de Launac, la moins éloignée du comté de Foix, puisqu'elle était sise en Lomagne, n'infirme en rien notre manière de voir. Au moment où cette terre incomba à Pierre de Bordes, sa famille préexistait ailleurs dès longtemps. La générosité royale s'exerçait rarement sur place; elle offrait les biens disponibles. C'est ainsi que Garsie de Goth, frère de Clément V, né comme lui à Villandraut, en Bazadais, reçut de Philippe le Bel les vicomtés de Lomagne et d'Auvillars. Serait-il raisonnable de conclure en considération de ce fait que Bertrand de Goth était sorti, non de Villandraut, mais du territoire dont il avait été apanagé par lettres de 1305[1]? Le roi fit en petit pour Pierre de Bordes, frère du cardinal, ce qu'il avait fait en grand, dans la même vicomté de Lomagne, pour le frère du pape.

Les domaines concédés à ces deux serviteurs gascons se trouvaient donc en dehors de leur province natale. La seigneurie de Launac ne paraît pas être demeurée longtemps dans la famille de Bordes. Dès la

---

1. DUCHESNE : *Histoire des Papes*, t. II, preuves, p. 256.

seconde moitié du xivᵉ siècle, cette terre dut sortir de
leurs mains, car les actes postérieurs ne la relatent
plus. Facilement donnée, peut-être fut-elle facilement
reprise. Peut-être aussi ses maîtres primitifs, spoliés en
1346 par le roi d'Angleterre de leurs fiefs de Guienne,
furent-ils réintégrés par celui de France dans leur héritage perdu de Lomagne[1].

Des considérations qui précèdent, il ressort claire-
ment que Pierre de Bordes et ses frères étaient de
Condom, où se succédèrent et se succéderont leurs
aïeux et leurs petits-fils. Déjà, au moment où cette
famille rehausse sa notoriété par l'éclat relatif de deux
de ses membres, son influence locale était prépondé-
rante. Le roi semble le témoigner par ses égards dans
la procédure de 1300, dont il a été question. Malgré la
possession de la terre de Launac, je le redis encore, les
de Bordes perpétuèrent leur lignée dans le Condomois.
A partir de Pierre de Bordes, la filiation se retrouve
éparse, mais certaine, dans les grands dépôts publics.
Seulement, pour ressaisir et redresser les générations,

1. Les vicissitudes de la terre de Launac furent singulières, par suite des
infidélités politiques de ses seigneurs. Dans la première partie du xivᵉ siècle,
Bertrand de Launac, s'étant jeté dans le parti des Anglais, ses possessions
de Launac furent confisquées, transportées à la couronne et plus tard accor-
dées à Pierre de Bordes. En 1346, le même Bertrand de Launac s'étant
rallié à la bannière de France, le roi d'Angleterre, pour punir sa défection,
lui fit saisir les seigneuries de Marensin et de La Harie, dont il fit présent
à Bernard Ezy d'Albret. (*Doat, t. II, fol. 190. — D. Villevieille, fol. 143.*)

il a fallu une patience et des efforts infinis. La descendance de Pierre entre à Pouy-Carrégelard et à Roquepine près Condom; un rameau cadet continue, dans cette dernière ville ou ses environs, l'existence séculaire des siens, tout en gardant jusqu'en 1500 son droit de coseigneurie sur le Pouy. Quelques-uns de ses membres deviennent possesseurs de domaines dans la juridiction de Valence-sur-Baïse; plus tard, vers 1506, ils ont un pied à Beaucaire, tout en conservant leur résidence habituelle à Condom. Les guerres civiles et religieuses de la renaissance, une nombreuse progéniture, à chaque degré, entraîneront les de Bordes dans une condition inférieure à celle de leurs ancêtres pendant deux siècles. Pour démontrer ce que j'avance, je rencontrerai une heureuse difficulté : c'est l'abondance des preuves. Mais ce n'est pas le lieu de les déployer ici, et d'établir que les familles ne sont pas plus stables que les sociétés; que leur illustration, comme la gloire nationale, est sujette aux vicissitudes du temps ou aux sévérités du sort. Aussi voit-on, dans l'étude rétrospective des races, ces alternatives de grandeur et de décadence qui reproduisent en petit la destinée des peuples et des royaumes.

Baluze croit que Bertrand, Guillaume et Pierre de Bordes avaient un quatrième frère dans la personne de BERNARD DE BORDES, *de Borda, hostiarius,* dont le nom est enregistré sur le livre d'Arnaud camérier comme ayant acquis un hôtel de Bertrand Lisegerii de Guardia, citoyen d'Avignon, en juillet 1327 [1].

Cette supposition, après les titres que nous venons d'examiner, ne semble pas admissible. Nulle trace, nul souvenir de ce Bernard, *hostiarius* [2] du pape, ne se retrouvent dans les actes relatifs au cardinal, à l'évêque ou au chevalier dont il pouvait être au plus le cousin.

Ensuite ce nom de *Borda* laisse entrevoir tout aussi bien la possibilité de le rattacher aux de La Borde du Comtat. L'*hostiarius* du saint-père n'est pas Bernard, second fils de Pierre, que nous allons voir, en 1341, inscrit pour solde militaire sur les comptes de Barthélemy du Drach, commissaire des guerres. En résumé, l'identité de ce Bernard est très-douteuse et sa qualité de frère des trois grandes personnalités ci-dessus ne l'est pas moins. Aussi nous n'adoptons pas le sentiment de Baluze et nous laissons ce Bernard, non-seulement déclassé, mais indépendant de notre famille de Bordes.

---

1. Habuit ergo Bertrandus fratrem Petrum, dominum de Launaco ; tum etiam Guillelmum, factum episcopum anno MCCCXI ineunte, ac fortassis Bernard, dictum de Borda, in libro Arnaldi camerarii, ubi sic scriptum est : « Instrumentum continens venditionem quam Bertrandus Lisegerii de Guor- « dia, filius et heres Gauffredi Lisegerii, civis Avenionensis, vendidit hospi- « tium suum. » (STEPHANUS BALUZIUS : *Vitæ Paparum Avenionensium*, t. I, p. 600.)

2. *Hostiarius* fut primitivement le premier degré de la hiérarchie ecclésiastique ; dépositaire des clefs de l'église, c'était à lui qu'était confié le soin d'ouvrir et de fermer les portes sacrées. Cette désignation *Hostiarius* s'ap-

Revenons à Pierre de Bordes.

Pierre de Bordes avait contracté alliance avec dame
REALE OU ROYALE DE FAUDOAS[1] : celle-ci était fille
d'Arnaud de Faudoas, fils naturel de Béraud I, chevalier, qualifié *puissant seigneur* de Faudoas, Hauterive,
Sarrant, Cadours, qui personnifie le quatrième degré
dans la filiation connue de sa race. Arnaut le bâtard
avait partagé avec son frère légitime l'éducation pater-
nelle, et reçu, dans les limites de la législation relative
aux naissances irrégulières, quelques biens en la juridiction de Faudoas. Ainsi qu'il a été démontré à propos
de Baulat, sire de Carchet, page 130, la chair pouvait
faillir, le sang jamais. Les priviléges de la noblesse pri-
maient les passions et rachetaient en partie leurs fautes.
L'enfant provenu d'une conjonction illicite, malgré cer-
taines incapacités, était traité sur le même pied que
les autres dans la famille dont il avait le droit de porter
le nom et les armes. Arnaut, outre Reale, eut trois fils :
— 1° *Béraut de Faudoas*, qui servit, le 3 août 1324, une
rente de cinq sols à Gaston, seigneur de Faudoas, pour
divers fonds dépendants de cette dernière juridiction.
— 2° *Arnaud*, damoiseau, fut signalé dans le testament
de Gaston de Faudoas, l'an 1325 et tenu, en 1330, de

---

pliquait à beaucoup d'autres fonctions; elle était portée par celui qui pour-
voyait les tabernacles de pain eucharistique, aussi bien que par les huissiers
et les familiers des pontifes, des rois, des evêques ou des comtes.
1. *Histoire généalogique de la maison de Faudoas*, p. 7, 8 et 9.

lui rendre hommage sous forme de la rente susdite.
— 3° *Guillaume Arnaud de Faudoas*, bâtard comme son
père, était, en 1309, bailli de la vicomté de Fezensaguet
et l'un des serviteurs favoris de Gaston d'Armagnac [1].

On n'a pas oublié que trois femmes contempo-
raines, sorties de la maison de Faudoas, avaient le prénom de Reale ou Royale; c'étaient : 1° *Reale* (femme
d'Aissin de Galard), fille de Bertrand de Faudoas, chef
de sa lignée, et de Séguine de Saboulie. 2° *Reale* née de
Béraut, auteur de la branche d'Avensac. Elle fut mariée, à peine âgée de onze ans, à Raymond-Arnaud de
Preissac, dit *le jeune*, dont la mère était une Durfort.
3° *Reale*, fille d'Arnaut de Faudoas (bâtard de ce nom),
laquelle s'allia à Pierre de Bordes. Un degré plus
bas, Bertrand de Faudoas, fils d'Aissin et d'Obrie de
Lomagne, s'unit à Marquèse de Savignac, qui lui donna
aussi une *Reale* de Faudoas; celle-ci fut mariée à Bernard de Sérillac [2].

Reale ou Royale de Faudoas donna à son mari, Pierre
de Bordes, une postérité composée de six enfants : Bertrand, Bernard, Raymond-Arnaud, Pierre, Géraud et
Géraude. Nous allons les reprendre tour à tour en particulier dans l'ordre de primogéniture :

1. — BERTRAND DE BORDES, en compagnie de deux
Pierre de Bordes, de Raymond et Lubet de Bordes, se

---

1 *Histoire généalogique de la maison de Faudoas.*
2. *Idem.*

trouva à la montre des hommes d'armes, opérée à Mont-
de-Marsan, par le comte de Foix, le 8 septembre 1339[1].
C'est ce Bertrand de Bordes que Baluze paraît avoir
confondu avec Bertrand de Bordes, chevalier, sénéchal
du comte de Foix en 1333. Deux mots sur les devanciers de celui-ci compléteront l'évidence de la méprise
que nous avons déjà relevée en partie, page 363. On
verra que Bertrand de Bordes, du pays de Foix, offre
avec son homonyme toutes les dissemblances possibles,
sauf celle du nom.

Les de Bordes du Couserans eurent, depuis 1143
jusqu'en 1337, des accointances continuelles avec les
comtes de Foix, dont ils furent les serviteurs apparents
et favoris. Cette intimité avec leur prince laisse présumer pour ces Bordes une extraction seigneuriale,
tandis que leurs contemporains du Condomois, nous
le répétons, ne remplirent guère, avant 1300, que des
charges urbaines à Condom. Bertrand de Bordes, neveu
du cardinal, est, je le reconnais, un des hommes
d'armes de la compagnie du comte de Foix, ce qui ne
signifie rien quant à son origine. Sous l'étendard de la
France, confié soit au comte de Foix, soit au comte
d'Armagnac, accouraient des combattants de tous les
points du royaume. Bertrand de Bordes, au contraire,
pour obtenir le poste de sénéchal en la comté de Foix,

---

1. Doat, vol. 186, fol. 332.

devait être un sujet agréable au comte par lui et par
ses ancêtres. L'histoire confirme notre hypothèse : l'un
de ses aïeux, Aton de Bordes (*Ato de Bordis*), assista au
mariage de la fille de Roger-Bernard, comte de Foix,
avec Guillaume-Arnaud de Marquefave, au mois de
décembre 1162 [1]. Par acte, du 7 des calendes de février,
Arnaud-Bernard de Bordes, procureur de Roger, comte
de Foix, vicomte de Castelbon et d'Aiceline, fille de
Raymond Perésa, reconnut que son maître tenait, au
lieu et place de Pierre de Durban, le château de Durfort et toutes les places appartenant à Pons-Adémar de
Rodelha, dans le district de Saverdun [2]. Quelques années
après (8 des ides de mars 1264), Pierre de Bordes, de
Saverdun, fut appelé, avec *alii probi homines ejus loci,* à
confirmer et à valider le serment prêté par Roger-Bernard, comte de Foix, encore mineur, aux habitants de
Saverdun pour la conservation de leurs franchises [3].

Aton et Pierre de Bordes furent l'aïeul et le père du
sénéchal Bertrand de Bordes, qu'aucune parenté ne
relie à son contemporain Condomois. Les deux sont
divers par la nature des charges, l'état de leur famille
et le théâtre de leur action. Leur point de départ peut
être le même néanmoins, mais à une époque telle-
ment reculée que toute conjecture est impossible.

---

1. D. VAISSETTE : *Hist. du Languedoc*, t. 2, pr. p., 591.
2. Coll. Doat.
3. D. VAISSETTE : *Hist. du Languedoc,* t. 3, pr. p., 578.

Bertrand de Bordes, l'aîné des neveux du cardinal, l'aîné aussi des fils de Pierre et de Reale de Faudoas, succéda à son père dans la majeure partie de ses biens. A ce titre d'héritier universel, il fut chargé de désintéresser ses frères, sa sœur, et de faire honneur à tous les legs inscrits dans le testament du 4 mars 1327[1].

2. — BERNARD DE BORDES paraît avec faveur dans le testament résumé plus haut. C'est à lui que son père confia le soin de pourvoir au service de la vicairerie qu'il avait fondée dans la chapelle de la Vierge-Marie de Launac. Ce sanctuaire avait eu les prédilections de Guillaume, évêque de Lectoure. Bernard était tenu d'y faire célébrer des anniversaires funèbres pour le salut de l'âme du testateur et de tous ses parents qui avaient émigré de cette terre, « *et illorum qui de parentale mea migraverunt ab hac vita.* » Bernard de Bordes serait un devancier des seigneurs du Pouy d'après La Chesnaye des Bois. Dans tous les cas, si ce n'est lui, ce ne peut être que son aîné Bertrand ou son cadet Pierre. Ici l'erreur n'étant possible qu'entre frères, nous acceptons l'autorité très-récusable de l'historiographe de la noblesse[2].

Bernard de Bordes est mentionné dans le compte de Barthélemy du Drach, trésorier des guerres du roi,

1. Coll. Doat, vol. 42, p. 313-327. Bibl. Imp. Mss.
2. *Idem.*

dans la campagne de Gascogne, pendant les années
1338-39-40 et 41. On y trouve également les sires d'Armagnac, de Galard, de Gélas, de Noailhan, de Roques,
de Maignaut, de Pins, Guillaume et Pierre d'Artigau,
tous des environs de Condom[1].

Ce service militaire prouve que Bernard de Bordes
n'entra pas dans les ordres selon les vœux paternels.

3. — Raymond-Arnaud de Bordes, trois fois nommé
dans le testament de son père : « Item instituo hære-
« dem Raymundum Arnaldi de Bordis, filium meum, in
« loco et in tenemento locorum de Volps et de Popas et
« de Marsaco et de Montegaillardo et de Balinhaco, sci-
« licet in meta, et in territorio, et in nemoribus, et in
« pratis et in vineis, et in albaretis, et in obliis, pascuis
« et agrariis, et redditibus aliis de Volps et in aliis
« omnibus et singulis bonis et rebus quæ cum sint, et
« juribus et deveriis quocumque modo ad me testatorem
« pertineant in locis prædictis et pertinentiis eorum-
« dem, etc.[2] » Ce Raymond est probablement le personnage que l'on remarque, l'an 1339, à la montre de

---

1. La Chesnaye des Bois prétend que Bernard eut un frère, du nom
d'Adomenon, lequel fut chanoine d'Aqs, ce qui est le comble de l'aberration.
Si cet auteur avait pris la peine de parcourir le testament de Pierre de Bordes,
dans la collection Doat, il ne serait pas tombé dans l'impardonnable erreur
d'avoir multiplié le nombre des neveux et nièces du cardinal et de fusionner
la famille Condomoise des Bordes avec celle des Lannes, car elles sont tout à
fait distinctes. On verra ailleurs bien d'autres grossières inadvertances du
même généalogiste.

2. Coll. Doat, vol. 42, fol. 313-327. Bibl. imp. Mss.

Mont-de-Marsan, en compagnie de ses frères Bertrand et Pierre, servant sous le comte de Foix[1].

4. — PIERRE DE BORDES, selon les prescriptions testamentaires de son père, jouissait d'une rente de 50 livres tournois que son frère Bertrand était tenu de lui fournir. Pierre, ainsi que Bertrand et Raymond, plusieurs de ses cousins, et autre Pierre de Bordes[2], était sous les ordres du comte de Foix en septembre 1339. A cette date, il figure en armes à la montre de Mont-de-Marsan. Parmi les compagnons d'armes de Pierre, natifs comme lui du Condomois ou du Fezensac, le rôle indique : Bernard d'Artigau, Pierre Carrère, Manauld de La Fitte, Monicot de La Fourcade, Arnaud du Roy,

1. Coll. Doat, vol. 186, fol. 332.

2. Quel était ce deuxième *Pierre de Bordes?* Selon toute probabilité ce personnage est le même que celui qui comparut, le 1er décembre 1337, à une revue transcrite par Doat, dans son volume 164, fol. 147, 148, 150. Elle fut faite sous la charge du comte de Foix et dans un but défensif des frontières de Béarn. Pierre de Bordes est ainsi désigné : *Peyroton de las Bordas am son cavalh extimat 25 *. Cet homonyme de nom et de prénom, selon toutes les apparences, appartient au Comminges ou au Couserans. Bien qu'il soit entouré de beaucoup de seigneurs gascons, tels que les du Bedat, de Lartigue, de Bascou d'Eauzan, de Goyon, d'Andiran, de Ferbeaux, nous penchons pour l'origine Pyrénéenne qu'appuient d'ailleurs des noms de cette provenance tels que Bernard de Benque et beaucoup d'autres.

Un troisième *Pierre de Bordes (mestre Pes de Bordes)* fut, de même que Pons de Castera, Amanieu et Gailhard de Noailhan, damoiseaux, témoin du testament, fait, en 1334, par noble messire baron Arnaud de Noailhan. Celui-ci y inscrivit une somme de cent sols bordelais en faveur des frères mineurs de Condom. Cet acte, rédigé en langage gascon, fut retenu par Guilhem Guiraud, notaire du duché de Guienne.

Bertrand et Guillaume de Labat, Pierre de Preissac, Raymond de Cazaux[1].

Jeanne de Miradoux, mère nourrice du Pierre qui nous occupe, et aussi de son frère Arnaud-Raymond, fut inscrite sur les dernières volontés de Pierre de Bordes père, pour les soins donnés à ses deux fils : « *Item* « lego Joannæ de Mirados, nutrici Raimundi-Arnaldi « et Petri de Bordis, filiorum meorum, unam sestariam « terræ in honore loci de Mensaco, vel in tribus locis « prout melius evenire contigerit. » Pierre de Bordes, de tous les enfants nommés et à nommer, tient le moins de place dans le testament paternel. Nous ne pouvons dire si ce personnage est le même que celui dont nous constaterons la présence, page 382, à un serment de fidélité dû à l'évêque de Condom[2] par le comte d'Armagnac, qui dépêcha un mandataire au lieu de se présenter lui-même selon l'usage (1372).

5. — GÉRAUD DE BORDES, archidiacre de Fezensac, au diocèse de Lectoure, figure dans les dernières dispositions de son père qui lui laissa un revenu de quatre-

1. Un Pierre de Bordes (Petrus de Bordis), damoiseau, élu abbé de Berdoues en 1372, mourut le jour des calendes d'avril 1375. Ce Petrus de Bordis, dit la *Gallia christiana,* t. I, p. 1022, « vixisse colligitur ex tabulis « anno 1375 et ipso sedente, ut conjicitur, Ludovicus Andegoventium dux, « Aquitaniæ prorex, Mirandæ anno 1372, 10 aug., Cenobium Berdonarum « speciali diplomate in sua protectione suscipit. » Nous ne pouvons dire si ce Pierre de Bordes, bullé en 1372, se rattache à la famille objet de cette étude.

2. Doat, vol. 171, fol. 144.

vingts livres tournois, hypothéqué sur la terre de Launac, le 4 mars 1327[1]. Dans l'éventualité de la mort de ses frères, il devait être substitué en partie dans leurs possessions : « Substituo ditum dominum Ge- « raldum de Bordis in medietatem omnium bonorum « prædictorum dicto Bertrando relictorum... »

6. — GÉRAUDE DE BORDES, citée dans le testament de son père, s'était alliée à GÉRAUD HUNAUD, BARON DE LANTA[2], damoiseau, d'une famille illustre qui donna plusieurs hauts dignitaires ecclésiastiques entre lesquels un évêque de Tarbes. La dot de Géraude de Bordes, considérable pour le temps, s'éleva à soixante mille sous tournois. Une rente de 9 sols morlans lui fut en outre constituée sur les possessions paternelles de Sainte-Mère dans le diocèse de Lectoure. Elle reçut aussi,

1. Coll. Doat, vol. 42, fol. 313-327.

2. Hæredes meos instituo in modum qui sequitur, videlicet : Geraldam de Bordis, filiam meam, uxorem nobilis Geraldi Hunaldi de Lanta, domicelli, in dote sibi data et soluta, seu dicto marito ejus nomine, et in novem solidis morlanorum rendualibus in perpetuum annuatim sibi perpetuo persolvendis in parrochia de Sancta Mera, Lactorensis diocesis, et in ipsa parrochia sibi assignandis de redditibus quos ego testator habeo in dicta parrochia et in dominationibus spectantibus ad prædictos novem solidos morlanorum et in duodecim tassis et uno scypho argenti, in quibus dote, lecto et vestibus et aliis garnimentis.... Et eam volo esse contentam de bonis et rebus meis et quod amplius nihil possit petere, exigere, vel habere de cæteris bonis et rebus meis. Dos vero prædicta sibi soluta est et fuit sexaginta millia solidorum turonensium parvorum. *Item,* duodecim tassas argenti de singulis marchis argenti, et unum scyphum argenti et lectum et vestes et garnimenta honorabilia sicut uxoris baronis quæ omnia habuit, etc. » (*Coll. Doat,* vol. 42, fol. 313-327.)

comme complément de légitime, douze tasses et une
coupe d'argent, des habits et des ornements.assortis au
rang baronial de son mari, *sicut uxoris baronis*. En cas
de mort sans héritiers, le père stipula dans le contrat
de sa fille que les biens emportés par elle feraient
retour à ses frères ou à leurs rejetons.

7. — BERTRAND DE BORDES, quoique fils naturel, ne
fut pas oublié par son père ainsi que nous l'avons noté
plus haut.   Bertrando de Bordis, filio meo naturali, quatuor centum libras turonensium parvorum, de quibus
dictus Bertrandus[1], hæres meus infrascriptus, reddere
et persolvere teneatur ducentas libras turonenses eidem
Bertrando, terminis infrascriptis, videlicet : quolibet
anno, post meum obitum, viginti libras turonenses,
donec eidem Bertrando de prædictis ducentis libris
turonensibus per dictum Bertrandum de Bordis, hæredem meum, fuerit plenarie satisfactum. *Item* etiam volo
quod dictus Bertrandus, hæres, dicto Bertrando, filio
meo naturali, dare et præstare teneatur medietatem ali-
mentorum suorum, victuum et indumentorum suorum
quamdiu dictus Bertrandus vitam duxerit in humanis[2]. » Bertrand de Bordes, le bâtard, paraît s'être
retiré à Toulouse où l'un de ses fils, Jean, possédait un

---

1. Ce Bertrand, l'aîné des enfants légitimes du testateur, fut son héritier
universel, et à ce titre chargé de l'acquittement de tous les legs.

2. Testament de Pierre de Bordes, chevalier, seigneur de Launac. Collection Doat, 42, fol. 313-327. Bibl. Imp. Mss.

hôtel en 1359, et où un de ses petits-fils, Bertrand, fut élu capitoul en 1378 [1].

Bertrand, le bâtard, ferme donc la série des sept enfants de Pierre de Bordes, entre lesquels lui seul n'était pas légitime.

Les brisures irréparables qui coupent les degrés et l'insuffisance de la lumière pour éclairer l'identité des frères susnommés nous interdisent l'ordre filiatif. Elles nous permettent toutefois la disposition chronologique jusqu'à la rencontre d'une section de la branche du Pouy où la bonne méthode pourra être appliquée.

BERTRAND DE BORDES, damoiseau, abandonna pour la somme de deux cent cinquante écus aux consuls de Lectoure un devoir annuel, appelé *La Cassa*, qu'il possédait en ladite ville. Cette vente fut ratifiée par le comte d'Armagnac le 29 octobre 1352 [2]. Bertrand de Constantin, coseigneur de Pouy-Carrégelard, prêta serment de fidélité, le 19 novembre 1395, à Jean, seigneur de Fimarcon, sous les yeux de noble Jean d'Aux, Bertrand de Roquepine et Bertrand de Bordes [3].

ARNAUD DE BORDES est inscrit au nombre des guerriers que messire Arnaud de Lavedan reçut à la revue de Vic, le 27 août 1355. Jean de Labat, Bernard

1. D. Vaissette, t. IV, p. 255.

2. D. Villevieille, vol. 17, fol. 89. — Archives de l'hôtel de ville de Lectoure.

3. Fonds généalogique de M. Techener, pièce en parchemin.

d'Esparros, Bertrand de Filartigues, Pierre et Jean du Faur, Jean de Nalies, étaient incorporés dans la même troupe [1].

La date, le lieu et le milieu de son existence, nous font présumer qu'Arnaud de Bordes fut frère de Béraut, aïeul d'Arnauton, et père de Jean qui va se montrer en tête de la ligne filiative. Du Jean susdit découleront probablement aussi tous les Jean que nous rencontrerons avec fréquence par la suite. L'identité de lieu et de prénom, la compagnie dans laquelle ils se trouvent, la distance régulière qui intervalle les générations, déterminent notre croyance, mais non pas la certitude.

Noble BÉRAUT DE BORDES [2], Pelegrin de Beaumont, Arnaud de Berrac, Pierre Ramon de Saint-Lary, assistèrent au testament fait à Condom, le 12 décembre 1355, par Pons IV, seigneur de Castillon, de Gondrin et autres places, mari de noble Jeanne de Cazenove. Pons de Castillon nomma pour faire exécuter ses ordres posthumes, Pierre de Galard, évêque de Condom, noble et puissant homme Annissant de Pins, seigneur de Taillebourg, Jean de Lomagne, seigneur de Fimarcon, chevalier, Bernard de Tremolet, bachelier ès lois, et Robert de Redon [3].

JEAN DE BORDES que dans notre opinion, déjà

1. Titres scellés, vol. 64, fol. 4941, verso. Bibl. Imp.
2. D. VILLEVIEILLE, vol. 17, fol. 94.
3. COURCELLES, *Hist. des Pairs de France,* t. III. Art. de Castillon.

émise, tout penche à faire croire fils d'Arnaud et neveu de Béraut, concourut à l'assemblée des notables de Valence-sur-Baïse. Elle tint ses séances extraordinaires pour prévenir un sac en 1377[1]. C'est ce Jean qui se présentera le premier dans l'ordre de la descendance régulière et qui épousera AGNÉSIE DE ROZÈS[2].

SANS DE BORDES[3], pitancier de l'église de Condom, le pénultième jour de décembre 1372, fut témoin de l'hommage indirect rendu par Jean, comte d'Armagnac et vicomte de Brulhois, à Bernard, évêque de Condom. Le grand feudataire, au lieu de se présenter lui-même, avait délégué Pierre de La Roche, habitant de Moncaut. L'évêque, en recevant le serment et la lance qui lui étaient dus, fit toutes les réserves possibles dans le but de préserver ses droits présents et à venir. Dans ses énergiques protestations, il ne cesse de répéter qu'il entend maintenir intactes ses prérogatives. « Quod non intendit remittere incursum nec aliud jus « sibi competens in dicto vice-comitatu, imo quod « omnis actio sit sibi salva, si et quando agere voluerit « contra ipsum dominum, vice-comitatem, ratione ho- « magii non facti et juramenti fidelitatis non prestiti « infra tempus debitum per propriam personam dicti

---

1. Doat, vol. 200, fol. 62-74.

2. D. Villevieille, vol. 17, fol. 91.

3. Sans de Bordes était probablement fils ou neveu d'autre Sans de Bordes, signalé page 343.

« domini vice-comitis, ut est debitum, et hactenus fieri
« et observari consuetum, sub præmissis protestatio-
« nibus, dictus dominus episcopus recepit homagium a
« dicto magistro Petro nomine procuratorio............
« .... acta fuerunt prædicta apud Condomium....
« præsentibus testibus religiosis viris dominis Garsia de
« Podio, Bernardo de Podio, Petro Bertrandi de Boteto,
« priore Salvitatis, Petro de Mosserano (Moussaron),
« camerario, *Sancio de Bordis*, pitanserio, Amanevi de
« Berdusano [1]. »

PIERRE DE BORDES (*Petrus de Bordis*) a été entrevu
plus haut dans le groupe des seigneurs laïques présents
à l'hommage du comte d'Armagnac, fait, en 1372, par
procuration au grand déplaisir du prélat de Condom,
très-jaloux de la puissance temporelle. Là étaient
aussi Raymond de Gaichies, recteur de Sainte-Eulalie,
Jean Daguzan, prieur de l'hôpital de Teste, Garcin
de Mathieu, Vital de Messiguier et Jean de Castanet ou
Cassagnet, tous trois consuls de Condom, Geraud de
Polignac, Odon du Cos (de Coyssio), Bernard de Mari-
dan, Jean du Boutet, Pierre de La Marque, Bertrand de
Beaumont, Bernard Asmern, gardien de la monnaie,
Fort de Chaussepède ou Lacépède. L'acte fut rédigé par
Arnaud de Merat, notaire royal de Condom [2].

Ce Pierre de Bordes assistant à la cérémonie féodale

---

1. Doat, vol. 171, fol. 144 et seq.
2. *Idem.*

où l'évêque sut garantir sa suprématie pourrait très-bien être le neveu du cardinal et le fils de Pierre, seigneur de Launac, que nous avons déjà mis en lumière dans un médaillon particulier de cette galerie. Il eût été alors presque septuagénaire.

BERNARD ET VITAL DE BORDES, le 16 mars 1377, furent appelés à délibérer sur une question de reconnaissance. publique. De petits tyrans féodaux avaient exercé des rapines et des brutalités au dedans et au dehors de la ville de Lectoure. A la nouvelle de ces violences, qui avaient jeté la terreur dans une ville dont lui et ses prédécesseurs avaient eu la garde et le protectorat, le comte d'Armagnac tomba sur les oppresseurs et délivra les opprimés: On lui chanta des actions de grâce en retour de son intervention tutélaire. Ce témoignage de gratitude ne lui ayant point paru suffisant, il demanda l'abandon de la moitié de la justice, haute, moyenne et basse : tous les seigneurs circonvoisins furent convoqués à Lectoure, pour statuer sur ce grave sujet. C'est à cette assemblée que nous trouvons Vital de Bordes et Bernard son frère puîné. Là aussi étaient accourus Géraud de Verduzan, Bens de Garros, Jean de La Briffe, Vital de Lassus, Bernard de Lambert, Raymond-Guilhem Daubas, Vital de Nalies, Vital de Malus, Jean de Labat, Bernard de Pis, Jean et Arnaud de Galard, Pierre de Forssans, Gérard de Maestre, Jean du Bosc, Jean de Faure, Géraud de Boë, Arnaud d'Auban, Jourdain de Pomets, Bernard de La Fargue, Géraud d'Armagnac, Raymond de Sabathier, Jean Étienne de Roland, Raymond de Lartigole, Pierre de Golens, Pierre de Justian, Bertrand de Laplagne, Pierre de Lafontan, Arnaud-Raymond d'Aux, Pierre de Brescon, Raymond de Roger, Pierre et Michel Lasserre, Mᵉ Guillaume de Saint-Pau, Jean de Castéra, Géraud de La Roque, Géraud de Losse, Pierre et Géraud de Caussade, Guillaume Pascau, Jean de Peyrusse, Sans, Bernard et Géraud de Pérès, Arnaud de Peyrat, Pierre de Boulogne, Arnaud de Pomarède, Géraud de Lomagne, Géraud de Labarrère, François de Fontenilles, Arnaud d'Esparbès, de Bonas, de Montaut, Arnaud-Guillaume de Rozès (Rosets), Jean de Camarade, Jean de Biran, etc. [1]

GUILLAUME DE BORDES, chevalier, eut une existence des plus chevaleresques. Prisonnier de Thomas Felton [2], en Angleterre, il obtint des lettres de sauf-conduit, datées du 12 mai 1381, pour venir chercher sa rançon [3]. Nous reparlerons de ce personnage en temps

1. Doat, vol. 97, fol. 299.

2. Thomas Felton était sénéchal de Guienne, pour le roi d'Angleterre, en 1377.

3. CARTE : *Catal. des rôles gascons, normands et français, conservés à la Tour de Londres,* 2 vol. in-fol., 1743.

A la génération de Guillaume de Bordes, chevalier, existant en 1381, appartenait un BERNARD DE BORDES, chanoine de Vic. Il fut l'un des exécuteurs testamentaires d'Arnaud de Malartic, qui, à son lit de mort, avait ainsi ordonné ses funérailles et la répartition de ses biens. Son corps devait être inhumé au pied de l'autel Saint-Quitterie, en l'église de Saint-Pierre-deet lieu à propos de Guillaume de Bordes ou des Bordes, mort porte-oriflamme à la bataille de Nicopolis en 1396. Ce héros, un peu trop mystérieux comme naissance, sera l'objet d'un article spécial à la fin de cette étude.

Noble MICHELON DE BORDES, au nom de sa femme BLANCHE DE LART, reconnut tenir, le 28 décembre 1418, à titre de fief noble une salle appelée Laubade dont la propriété était indivise avec les héritiers de noble Cavald Garsie Cucuron[1]. Blanche était sortie d'une famille ayant même berceau que celle de son époux. Son aïeul Auger de Lart ou de Lars, damoiseau, fut témoin de l'ordre donné par Othon de Casenove, chevalier, à ses vassaux de Lausseignan, Estussan et La Barthe. Il leur était prescrit de faire hommage au sire de l'Isle (1305)[2]. Son père, Bernard de Lart, fut

Vic. Ses mandataires posthumes étaient tenus d'établir dans celle des Cordeliers une chapelle de *Requiem,* dotée par lui d'une somme de cent florins d'or. Sa succession incombait à son neveu et, en cas d'extinction de lui ou de ses hoirs, à ses parents dans l'ordre de primogéniture. Le soin de mettre en actes ces diverses prescriptions fut confié au gardien des Cordeliers et à Bernard de Bordes, le 2 novembre 1385. Par contrat du 30 janvier 1390, œuvre d'Arnaud de Barta, notaire à Vic-Fezensac, Bernard de Bordes chanoine de Vic et propriétaire de la métairie de Saint-Jean en Castillon-Debats réduisit la redevance annuelle, dont il était tenu envers Pierre de Malartic, en lui payant 50 florins d'or. (*D. Villevieille,* vol. 55, fol. 88.)

Larcher dans son *Glanage,* t. II, p. 199, signale aussi un Raymond de Bordes, qui vivait à Vic-Fezensac en 1401.

1. D. Villevieille, vol. 17, fol. 90.

2. *Idem*, vol. 54.

tenu de venir présenter son aveu au roi d'Angleterre dans la ville de Poitiers, le 6 octobre 1363. Blanche de Lart était également grand'tante ou tante de noble Louis de Lart, seigneur de Birac, sénéchal de Castres, marié à Charlotte de Noailhan, fille de puissant homme Odon de Noailhan, damoiseau, seigneur du Frechou en Condomois et de noble Marie d'Arcamont. La dot constituée à Charlotte fut de mille livres tournois. Le contrat fut passé à Nérac devant Christophe Venatoris, notaire, le 11 mars 1482[1]. Blanche de Lart était donc de vieil et bon estoc.

JEHÁN DE BORDES, homme d'armes, servait sous la charge de M. de Jalognes, maréchal de France, au pays de Limousin, lors de la revue du 11 mars 1447 ; il avait près de lui Pierre Macary, Jehan du Fau, Pierre de Ribes, Georges de Coudray, Jacques de Morny, Jean Béchade[2].

Jehan de Bordes, uni vers 1439 à N... DE ROQUE-PINE, fille de *Bertrandus de Rupepina*, n'eut pas de hoirie mâle, car sa femme ne lui donna que :

CATHERINE DE BORDES. Celle-ci s'était premièrement mariée avec Pierre de Monlezun, seigneur d'Aigues-Mortes, en Fezensaguet. A la mort prématurée de celui-ci, qui l'avait laissée mère d'une fille, sa main fut disputée par plusieurs rivaux ; Jean du

1. D. Villevieille.
2. Gaignières, vol. 782-1. Mss. Bibl. Imp.

Bouzet, seigneur de Cots ou du Cos et de Lagraulet, eut la préférence le 27 septembre 1472. L'époux était un rude guerrier, comme on a pu le voir dans nos *Maisons histo- riques de Gascogne,* tome Ier, pages 21, 22, 23 et suivantes.

L'enfant, provenue du premier lit de Catherine de Bordes et de Pierre de Monlezun, fut unie à Exterce d'Augeroux, le 3 avril 1490.

Catherine de Bordes a été étrangement classée et mariée par La Chesnaye des Bois. Au rapport de celui- ci, de l'un des cinq enfants mâles de Bernard, serait issue à la troisième génération Catherine de Bordes, dame de Roquepine en Condomois, femme de Jean du Bouzet, seigneur de Poudenas[1]. Cette alliance est un gros anachronisme : Catherine de Bordes, veuve en premières noces de Pierrè de Monlezun, seigneur d'Aigues-Mortes[2], avait épousé en secondes, le 27 sep- tembre 1472, Jean II du Bouzet, seigneur de Cots et de Roquepine[3], grand-père de Jean IV du Bouzet, le pre- mier de sa race qui posséda la terre de Poudenas. L'héritière de cette seigneurie, Françoise de Caubios, la lui apporta en dot le jour de son union, le 10 avril 1581[4]. La Chesnaye des Bois a si bien faussé et enchevêtré

---

1. La Chesnaye des Bois, t. V.
2. Arch. des Hautes-Pyrénées. — Arch. du château de Malliac (Gers).
3. *Fonds d'Hozier :* Chevaliers de Malte, prieuré de Toulouse, fol. 445. — Arch. des Hautes-Pyrénées, série E. E.
4. Arch. du séminaire d'Auch, J⁵-28, N³-6.-4.

Jean II et Jean IV du Bouzet, distants de plus d'un siècle, qu'ils sont devenus un seul et même homme. L'historiographe de la noblesse, tant recherché aujourd'hui, sans la moindre répugnance, a finalement marié l'aïeule au petit-fils, époux fort mal assortis, puisqu'il existe entre eux une différence d'âge de cent neuf ans, sans compter l'outrage à la morale.

Nous allons maintenant rétrograder jusqu'à Jean de Bordes, le retirer de l'assemblée des notables de Valence-sur-Baïse, où nous l'avons laissé en 1377, et le placer au sommet de la descendance graduelle.

I.

JEAN I DE BORDES, présumé fils d'Arnaud, ainsi que nous l'avons énoncé plus haut, se montre sous l'année 1377 [1], voici en quelle occasion. Les Anglais, ayant forcé les portes de Valence-sur-Baïse, lui imposèrent l'alternative d'un sac ou d'un tribut de guerre. Les consuls, dans le but de prévenir la destruction et le pillage de leur ville, consentirent à bailler *certaine*

---

1. GUIRAUTON ou GÉRAUTON DE BORDES apparaît la même année, 1377, dans la compagnie conduite par messire Menezre de Sausade et le bâtard d'Armagnac. A ses côtés l'on remarque les sieurs de Clairac, du Lin, de La Roque, de La Barthe et de Montesquiou. (*Titres scellés,* vol. 84, p. 6595.) Son nom de Guirauton ou Gérauton, diminutif de Géraud, semble impliquer qu'il était filleul et neveu de Géraud, archidiacre de Lectoure, cinquième fils de Pierre de Bordes et de Reale de Faudoas,

somme qui ne put être payée sur l'heure. Géraud de Verduzan et quelques autres furent livrés en otages jusqu'à parfait acquittement. Les personnes données en garantie furent conduites et enfermées au château de Lourdes. Mû par le désir de hâter la délivrance des captifs, Arnaud Guilhem de Monlezun, seigneur de Meilhan, Manaud de Lasseran, seigneur de Massencome, cautionnèrent collectivement la rançon promise. Les consuls, de leur côté, s'engagèrent envers les répondants à un remboursement ultérieur ; ils convoquèrent à cet effet les principaux habitants et sollicitèrent d'eux le pouvoir de lever la contribution nécessaire, c'est-à-dire 1,200 florins d'or. Dans la série des consuls et des hommes marquants de Valence, participant à la réunion, on distingue : Jean de Bordes, Pierre de Barbotan, Bernard de Savaillan, Sans de Soliers, Vital de Cantiran, Géraud de Lagardère, Arnaud de Biran, Pierre du Mas, Pierre de Soubiran, Vital de Grammont, Pierre des Barats, Vital de Barbazan, Bernard de Ponteils, Pierre de Graziac, etc. [1]

Jean de Bordes se maria à AGNÉSIE DE ROZÈS (de *Roseto*). Son union dut être antérieure à 1377, car sa présence dans l'assemblée des notables de la juridiction de Valence-sur-Baïse ne peut s'expliquer que par les possessions de sa femme dans cette contrée, qui

1. Doat, vol. 200, fol. 62-74.

comprenait la seigneurie patrimoniale des Rozès. La terre de Medici, où se fixèrent les descendants de Jean de Bordes, fut peut-être le lot légitimaire d'Agnésie. Celle-ci avait en outre des ténements en Rivière-Basse. D'après D. Villevieille, que nous copions textuellement, « noble Jean de Bordes, comme mari de noble « Agnésie de Roseto, sa femme, avoua tenir en fief « gentil du comte d'Armagnac, à cause de la vicomté « de Rivière, deux parts de l'hôtel de Digon, le 2 dé- « cembre 1418[1]. »

De Jean de Bordes et d'Agnésie de Rozès, dérivèrent deux hoirs : Arnaut et Bertrand.

1. — ARNAUD OU ARNAUTON DE BORDES, sous la date de 1395, est qualifié *seigneur de Galard* dans une note de l'abbé de Vergès, qui fait partie des archives du séminaire d'Auch[2], *écuyer* dans un hommage de 1399, et *chevalier* dans un autre de 1414, à raison du fief de Puyfontain, comme on le verra.

2. — BERTRAND DE BORDES, sénéchal de Fimarcon, est surnommé de *Constantin*, vers la fin de sa carrière, quand il s'appelait simplement Bertrand de Bordes au commencement. Nous allons chercher la cause de cette addition de nom.

1. D. VILLEVIEILLE, vol. 17, fol. 94. Bibl. Imp. Mss. — Le glaneur du précieux *Trésor généalogique* indique comme source de son extrait le *fol. 90 du bureau des finances de Montauban.*

2. Notes de l'abbé de Vergès, H.-9. Arch. du séminaire d'Auch.

Bertrand de Bordes, donc, porte simplement dans la première partie de son existence les noms ci-dessus, c'est-à-dire *Bertrand de Bordes,* que la qualité de *damoiseau* accompagne immédiatement. Ce fait est prouvé par un extrait d'hommage que rendit *Bertrand de Constantin,* en qualité de coseigneur de Pouy-Carrégelard, au mois de novembre 1395. « Testes nobiles Johannes « de Auxio, Bertrandus de Rupepinâ, *Bertrandus de Bor-* « *dis, domicellus,* et ego Gerardus de Bona, publicus « terræ Feudi Marchionis notarius [1]. » Dans cette copie collationnée sur l'original en parchemin par Castaing, tabellion de La Romieu, en la sénéchaussée de Condom, et découverte, le 27 septembre 1758, aux archives de Lagarde, marquisat de Fimarcon, le de Bordes qui nous occupe apparaît uniquement avec son nom de baptême et de famille (*Bertrand de Bordes*).

Bertrand de Constantin, coseigneur de Pouy-Carrégelard, et Bertrand de Bordes qui l'assiste de sa présence, sont deux personnages bien distincts. En 1441, Bertrand *de Constantin* n'est plus, et Bertrand de Bordes est dit de Constantin [2], dans un aveu fait par noble Bernard de Pouy-Carrégelard (nobilis Bernardus de

---

1. Ce document fait partie du fonds généalogique de M. Techener, libraire à Paris.

2. Cette pièce, conservée aussi dans le fonds Techener, est, comme la précédente, collationnée par Castaing et vidimée par Charles Doazan, lieutenant principal en la cour d'appeaux de Fimarcon et par Claude Bezian-Moussaron, lieutenant en la sénéchaussée de Gascogne, siége présidial de Condom.

Podio-Carregelardo). Si l'induction est parfois hasardeuse, j'ose espérer que dans cette occurrence elle sera rationnelle. Nous allons citer deux lignes essentielles et révélatrices : « Testes nobiles, *Berlrandus de Constantino, alias de Bordis*, senescallus Feudi Marchionis, Berardus de Cassanho, Johannes de Berauto, domicelli, etc. Dans un acte analogue et synchronique remontant aussi au 26 juillet 1441, le surnom de Constantin revient encore accolé à celui de Bordes : « Testes hujus rei sunt « nobiles Bernardus de Podio, Berardus de Cavanho, « Johannes de Berauto, *Bertrandus de Constantino, alias de* « *Bordis*, domicelli [1], etc. »

En 1395, Bertrand de Constantin, coseigneur de Pouy-Carrégelard, existe avec son individualité; en 1441 il n'est plus, et son nom est passé en surnom à Bertrand de Bordes.

Cette transmission ou cette imposition du nom implique à mon avis pour Bertrand de Bordes la qualité d'héritier et de gendre du susdit Constantin. La prise de ce nom-ci fut forcément l'observance d'un vœu ou un témoignage de reconnaissance. Si Bertrand de Bordes eût acheté la terre de Pouy-Carrégelard, il eût adopté l'appellation du lieu et non celle de son dernier possesseur. Je crois mon interprétation très-logique et très-acceptable. Les de Bordes étaient pourvus d'une

---

1. Fonds généalogique de Techener, libraire à Paris.

portion du Pouy bien avant 1444, puisque dès 1327 Pierre de Bordes, dans son testament, dotait l'église de ce lieu. Seulement Bertrand, le cadet, n'ayant peut-être rien recueilli de ce fief héréditaire, avait dû vouloir s'établir à côté par un mariage.

Noble Bertrand de Bordes, déjà vieux, Gaillard de Cazaux, seigneur Saint-Martin, Pierre de l'Isle, seigneur Saint-Aignan concoururent aux noces de noble Bernard de Patras, damoiseau, demeurant à Ligardes, avec noble Jeanne de Révignan, qui avait pour père Jean de Révignan, et pour mère Blanchefleur de Cazenove. C'est par suite de ce mariage (20 juin 1446) que l'hôtel de Campaigno incomba à la maison de Patras [1].

II.

ARNAUD OU ARNAUTON DE BORDES prêta le serment de vassal pour les tours de Galard (aujourd'hui Goualard près Condom), durant l'année 1399. La teneur de cet acte :

« Charles, par la grâce de Dieu, roy de France, à
« noz amez et féaulx, gens de noz comptes et trésoriers
« à Paris, et aux séneschal et receveur d'Agenais ou à
« son lieutenant, salut et dilection. Scavoir vous fai-
« sons que Arnault de Bordes, escuyer, nous a aujour-

1. D. VILLEVIEILLE, vol. 17, fol. 91 ; vol. 67, fol. 62.

« d'huy fait foy et hommage du chastel et appartenances
« de Galart, en Gascogne, qu'il nous estoit tenu de
« faire à cause de nostre duché de Guienne; à quoy
« nous l'avons receu, sauf nostre droict et l'autruy.
« Donné à Rouen, le dixhuistième jour de novembre,
« l'an de grâce mil trois cens quatre-vingts et dix-neuf,
« et de nostre règne le vingtième. Par le roy, les cham-
« bellans présens, — *Signé :* FERRON [1]. »

En 1414, il tenait également la seigneurie de Puyfontain, ainsi qu'il appert de ces lettres de Charles VI.

« Charles, etc., à nos améz, etc., et aux séneschal
« d'Agenais et nostre receveur illec, salut et dilection.
« Scavoir vous faisons que nostre amé et féal chevalier
« Arnaulton de Bordes, nous a faiz les foy et hommaige
« qu'il nous estoit tenu faire de l'hostel de Puyfontain
« et de ses appartenances et appendances; auxquels
« foy et hommaige nous l'avons receu, sauf nostre droit
« et l'autruy. Donné le quatriesme jour de septembre,
« l'an de grâce mil quatre cens quatorze, et de nostre
« règne, le trente-troisiesme; sous nostre scel ordonné
« en l'absence du grant. Par le roy, *Signé :* VILLE-
« BRESME[2]. »

Arnauton de Bordes eut pour femme AGNÈS DE

---

1. *Languedoc :* anciens hommages et aveux : reg. P. 554-22. Arch. de
l'Empire.

2. *Idem :* reg. P. 554, pièce en parchemin cotée 35; Arch. de l'Empire.

GALARD [1]. Il dut l'épouser avant 1399, puisqu'à cette époque il déclara les Tours de Galard mouvantes de la couronne. En 1438, N. de Galard donne pouvoir à Michaud de Forcès, son fils, de parachever le payement de la constitution dotale assignée à sa fille Agnès de Bordes [2].

Arnauton, dans l'intervalle de 1399 à 1414, s'est élevé d'un rang dans la hiérarchie féodale : à la première date il est simple écuyer; à la seconde, nous le trouvons chevalier.

D'Arnauton et d'Agnès de Galard, naquirent :

1. — JEAN II DE BORDES, coseigneur du Pouy-Carrégelard (*Condomino de Podio-Carreialardo*), dit le testament de noble Jeanne du Pouy, femme d'Amanieu de Monlezun, conservé aux archives du séminaire d'Auch, sous la cote numérale C-24 et sous la date 10 septembre 1476.

2. — ARNAUD DE BORDES, que nous trouvons avec son frère aîné à Elne en Roussillon (novembre 1474) [3].

1. DE GALARD : *D'or, à trois corneilles de sable membrées et becquées de gueules deux et une.* (Arm. général, Guyenne, t. 13, fol. 305 et 693.)

2. Arch. du séminaire d'Auch. Notes de l'abbé de Vergès, H.-9, p. 1.

La similitude du prénom d'Agnès et d'Agnésie en deux générations successives permettrait de supposer, si l'hypothèse n'était pas défendue, que la première avait été la filleule de la seconde avant d'être sa bru.

3. Portefeuille Gaignières, vol. 782-4.

Jean et Arnaud de Bordes avaient pour contemporain : RAMON DE BORDES qui comparut en archer à la montre de Bayonne, organisée par Alidus d'Argelouse, écuyer, le dernier jour de janvier 1471. Ces guerriers avaient mis-

Le même Arnaud de Bordes reparaît dans la compagnie de vingt lances, fournies de la grande ordonnance, qui avait pour chef Robert de Balzac, sénéchal d'Agenais et de Gascogne. La revue des combattants eut lieu en Saintonge, le 29 décembre 1491 [1].

III.

JEAN II DE BORDES, coseigneur du Pouy (*Johanne de Bordes condomino de Podio-Carreialardo* [2]), était à la montre passée au camp d'Elne en Roussillon le dernier jour de novembre 1474. Parmi les deux cent quatre-vingt-quinze francs-archers des pays et sénéchaussées de Quercy, Agenais et Armagnac, nous avons remarqué Jean et Arnaud de Bordes. Les autres hommes d'armes, leurs compatriotes, étaient : Pierre de Larrivau, Guillemin de La Fargue, Jehanot de Galard, Jean de

sion de défendre la ville maritime sous la conduite d'Odet d'Aydie, amiral de Guienne. Le dit Ramon appartenait encore à la garnison de Bayonne le 22 avril 1475. M. de Foix, comte de Comminges, seigneur de Lescun, était alors gouverneur de cette place. (*Portefeuille Gaignières,* vol. 782-2, et 782-5.) D'autres de Bordes coexistaient avec Jean II, Arnaud et Ramon :

N. BORDES, homme d'armes, et PIERRE BORDES, archer, sont inscrits au rôle de la compagnie de M. de Dampmartin, grand maître de France, qui était de passage à Provins, le 14 novembre 1475; les sieurs de Bajaumont, de Moncassin, du Buscat, de Moncaut, de Chastenet, de Marignac, d'Anglade, de Lusignan, de Lian, faisaient partie du même corps. (*Port. Gaignières,* vol. 782-5, fol. 304.)

1. Titres scellés, vol. 120 BA—BE., fol. 157. Bibl. Imp. Mss.

Labadie, Jean de Las, Domenges de Domessains, Guiraud de La Mazère, Vital de Barada, Vital de Barres, Sans du Luc, Domenges de La Peyrère, Bernard du Fau, Jehannot de Bastard, Pierre de Lart, Jean du Casse, Bernard de Lafontan, Perrot d'Antras [1].

Le 10 septembre 1476, noble Jeanne de Pouy-Carrégelard, épouse d'Amanieu de Monlezun, fit des dispositions testamentaires en faveur de son mari et de ses six enfants : Gaillard, Jean, Sébastien, Esclarmonde, Mandelie et Marguerite de Monlezun. Cet acte de quatorze feuillets signale Jean de Bordes en tête des témoins appelés pour la circonstance : « Presentibus ibidem pro « premissis specialiter vocatis et per dictam testationem « rogatis nobilibus Johanne de Bordes, condomino de « Podio-Carreialardo, Johanne de Barrau, domino deu « Busca, Johanne Joculatore, alias Lochore, dño de La « Clota, Petro de Mostello, Vitali de Joculatore de « Podio, Arnardo de Canterac de Garias, juridictionis « de Suo Podio (Saint-Puy), Geraldo Buga et Arnaldo « de Fabro, barbitonsore, loci de Gazalipodio, habita- « toribus [2]. »

L'assistance de Jean de Bordes, premier nommé entre les personnes présentes, affirme les liens de sang, d'intimité et de bon voisinage de sa famille avec celle des Monlezun, coseigneurs du Pouy. Jean II de Bordes

1. Portef. Gaignières, vol. 782-4.
2. Archives du séminaire d'Auch, C.-24.

avait dû augmenter son lot du Pouy par la succession
de Bertrand, ou bien par un mariage personnel avec
une demoiselle de Monlezun [1]; peut-être même eut-il
ce double avantage. On ne doit pas perdre de vue
qu'au testament de Jeanne du Pouy, avant tous les
autres témoins, que les notaires rangeaient presque
toujours selon l'ordre de parenté le plus proche, se
trouve Jean de Bordes. Or, si ce dernier n'avait pas été
le cousin ou le gendre, il n'aurait pas été favorisé de
cette place. L'alliance avec une fille de la maison de
Monlezun, en l'absence de preuve matérielle, présente
d'autres vraisemblances. Jean II et Jean III, son fils,
sont copossesseurs du Pouy-Carrégelard, en 1491, ce
qui résulte de pièces reproduites plus bas. Si cette
terre était indivise entre eux, c'est que le père avait
l'usufruit et que le fils tenait la nue propriété soit du
chef de sa mère qui, dans ce cas, eût été une Monlezun, soit du chef de son grand-oncle, Bertrand.

Jean II vivait encore en 1491. A cette époque, il ne
se montre plus seul « condomino de Poy-Carreialart »,
comme en 1476 ; son fils Jean III est avec lui et représente une partie territoriale du Pouy. Voilà comment
s'explique le pluriel « condominiis de Poy-Carreialart [2] » qui suit le nom de Jehanne de Bordes.

1. Probablement une des trois citées dans le testament de leur mère
Jeanne du Pouy et qui se nommaient : Esclamonde, Mandelie et Marguerite.
2. Archives du séminaire d'Auch, C.-24.

Jean II de Bordes, d'une alliance que nous n'avons pu fixer d'une manière positive, eut :

1. — JEAN III OU JEHANNOT DE BORDES, qui partageait en 1491 avec son père la coseigneurie de Pouy-Carrégelard, ce qui ressort de ces mots « condominiis de Poy-Carreialart. » D. Villevieille signale « Jean III et « Bertrand, frères [1], habitants de Medico, au diocèse « de Condom ; ils échangèrent quelques héritages, « situés audit Medico, avec noble Jeanne de Podio, « dame en partie de Podio, femme de noble Amanieu « de Montelugduno, par acte reçu par Berniere, notaire « à Lectoure, en 1487 [2]. » Le Pouy-Carrégelard, dépendant autrefois du diocèse de Lectoure, dépend encore aujourd'hui de cet arrondissement. Pour se conclure dans une étude de Lectoure, la permutation foncière entre les frères de Bordes et la dame de Pouy-Carrégelard devait porter sur ce dernier fief tout aussi bien que sur celui de Medici, relevant d'une autre juridiction.

2. — BERTRAND DE BORDES, que l'on verra avec Jehannot, son frère aîné, à la montre de Condom (1491)[3], à celles de Dôle, en Bourgogne (1493)[4], et de Castres, en Albigeois (1498)[5]. Tous deux vinrent

---

1. Ce mot-là est dans la circonstance très-significatif.
2. D. Villevieille, trésor généalogique, vol. 17, fol. 94.
3. GAIGNIÈRES : Monstres, 782-8.
4. Idem, 782-9.
5. MONLEZUN, Hist. de Gascogne, t. V.

finir leur carrière à Medici, près de Valence-sur-Baïse[1].

IV.

JEAN III DE BORDES, coseigneur de Pouy-Carrégelard, et son frère Bertrand, aliénèrent, en 1487, certains fonds parcellaires aux environs de Medici, où ils s'étaient transplantés, et reçurent des compensations de même nature (sans doute à Pouy-Carrégelard) de Jeanne du Pouy, femme d'Amanieu de Monlezun. Nous disons : sans doute à Pouy-Carrégelard, le résumé de D. Villevieille laisse entendre que les héritages échangés résultaient d'une succession commune aux deux parties, parce que le contrat de cession réciproque fut passé devant Berniere, notaire à Lectoure, dont la juridiction englobait le Pouy et non Medici.

Jehannot ou Jean III de Bordes et Jean II, son père, dans des pactes de 1491, dont nous avons dit un mot et dont nous allons reparler, sont ainsi mentionnés : « Nobilibus viris *Johanne de Bordes, condominiis de Pouy-* « *Carreialart*[2] (seigneurs de Pouy-Carrégelard). » Ce pluriel qui identifie deux personnes en un prénom et une qualification unique ne peut s'appliquer qu'aux Jean de Bordes, père et fils. Entre parents plus éloignés, il eût

1. D. VILLEVIEILLE, vol. 17, fol. 91.
2. Archives du séminaire d'Auch, C. 40.

été nécessaire de mieux particulariser, sous peine de confusion.

Le 5 janvier 1491 fut célébré le mariage de noble Gaillard de Monlezun, fils de noble Amanieu de Monlezun et de dame du Pouy, sa première femme, avec noble Catherine de Coucy, qui avait pour auteur Pierre de Coucy, seigneur du Busca, près Condom. La copie authentique du contrat (papier, 10 feuillets), écrite en cursive du temps, existe dans les archives du séminaire d'Auch, qui nous ont fourni l'extrait ci-après. Cette pièce établit la présence de deux Jean de Bordes, à la cérémonie matrimoniale, par un pluriel inexplicable pour ceux qui n'ont point eu comme nous l'occasion d'étudier la filiation de cette branche; nous transcrivons : « Presentibus ibidem et audientibus venerabili et « circumspecto viro dño Stephano Thomassen, presbi- « tero in decretis licenciato, officiali Condomiensi, no- « bilibus viris Johanne de Bordes, condominiis (*sic*) de « Poycarreialart, Johanne de Rebinhano, dño loci de « Ligardes et Petro de Barrault, dño de Parron, Condo- « miens. diocesis, testibus ad præmissa vocatis et ro- « gatis et me Petro Fricaud, clerico auth. apostolica, « notario publico, etc.[1] »

Cette même année 1491 (16 juin), on trouve Jehannot de Bordes et son frère Bertrand, rangés au rôle

---

1. Archives du séminaire d'Auch, C.-40.

d'une revue faite à Condom sous la charge du maréchal d'Albret. Dans la troupe composée de cent lances fournies des ordonnances du roi, se pressaient des guerriers gascons, tels que Menault de Salles, Bertranot de Labarthe, Odet de Verduzan, Odet de Bezolles, Roger de Cassagne, dit Leberon, Pierre de Labat, Jeannet et Mathieu du Puy, François de Massencome (père du maréchal de Monluc), Arnaud La Vielle, Pierre de L'Isle, le petit Jehannot de Bezolles, Jean de Lian, Hugues de La Favrye, Christophe de Saint-Aubin, Guillaume de Gasquet, Arnaud de Lacoste, Sanson de Morlan, Jehannot de Pardaillan, Hélias Duran, Martin et Jean de Saint-Pé[1], etc. Bertrand et Jehannot de Bordes étaient en garnison à Dôle, en Bourgogne, le 11 avril 1493[2]. Cinq ans plus tard, le 29 juin 1498, ils étaient rentrés dans le midi, et nous les rencontrons à Castres, en Albigeois[3].

Jean et Bertrand de Bordes, dans l'intervalle des guerres, et à leur rentrée au pays natal, habitaient le domaine de Medici[4], dans le diocèse de Condom.

Les notables de la juridiction de Condom furent convoqués, l'an 1506, au sujet d'une transaction, in-

---

1. Monstres Gaignières, 782-8.
2. *Idem*, 782-9.
3. *Idem*, 782-11.
4. On trouve sur la carte de Cassini le hameau de ce nom entre Cassagne et Valence-sur-Baïse.

tervenue entre le chapitre et la communauté de cette ville. A cet appel répondirent Jean et Pierre de Bordes[1], Jean de Peyrecave, Pierre d'Espiau, Pierre de Lézian, Pierre de Sage, Jean du Buc, Pierre de Lart, Raymond de Cazaux, Menault et Jean d'Aubarède, Étienne Petit, Jean de Mélet, Jean de Roques, Barthélemy de La Chapelle, Pierre de Lacapère, Antoine de Latournerie, Guillaume de Montaut, Géraud du Busca, Anauton de La Boubée, Martin Gèze, Raymond de Langlade, Arnaud de Jussan, Arnaud de Faudoas, Bernard de Labarthe, Pierre de Bordevieille, Géraud Dansos, Raymond de Noaillan, etc.[2].

Jean de Bordes, tout seul, s'était remis sous les armes le 15 mars 1507; il avait alors pour capitaine Me Lancelot du Lac, bailli et gouverneur d'Orléans[3].

Le même Jean de Bordes figure avec Jean et Arnaud de Labat, Raymond d'Aubarède, Jean de La Porte, Vital du Luc, Jean de Boé, Raymond et Jean de Casenove, Pierre de La Salle, etc., à une assemblée des principaux habitants de Condom, *incole et habitatores civitatis Condomii*. Cette réunion eut lieu au sujet de certain

1. A la même époque, le 23 avril 1505, était homme d'armes dans la compagnie de cent lances sous M. le marquis de Mantoue, Grégoire de Bordes, qui semble se rattacher à la famille du Condomois par son entourage où l'on distingue les sieurs de Fontenilles, de Béraut, de Castillon, de La Roche, de Fitte, Regnard Héron, Roland de La Hage. (*Titres scellés,* vol. 54, fol. 4083.)

2. Section administrative, série et carton Q; Archives de l'Empire.

3. Gaignières, vol. 782-13.

paréage réclamé par l'évêque et contesté par la communauté[1], le 26 décembre 1511.

M. de Thezan a relevé la filiation authentique, depuis Jean III jusqu'aux représentants actuels, dans les actes de l'état civil et les études de notaire de plusieurs communes du canton de Valence-sur-Baïse.

Jean III de Bordes fut l'auteur de :

1. — PIERRE DE BORDES, qui, en 1506 et 1511, se rendit aux assemblées des notables convoqués à Condom. Postérieurement on voit reparaître Pierre de Bordes dans une série d'actes qui eurent pour théâtre le Condomois.

2. — GUILLAUME DE BORDES, continuateur de sa race.

3. — ARNAUD DE BORDES, mentionné dans l'acte ci-dessous comme frère de Guillaume, servait en 1520, dans la compagnie du capitaine de Montaut[2].

V.

GUILLAUME DE BORDES, habitant de Beaucaire, en Armagnac (*Guillermus de Bordis, habitator de Bellocadro*), tant en son nom qu'en celui d'Arnaud de Bordes, son frère absent[3], vendit à noble Jean de Seviac, écuyer,

---

1. Section administrative; carton Q, 254. Arch. de l'Emp.

2. Chartriers du séminaire d'Auch. — MONLEZUN : *Hist. de Gascogne,* tome V.

3. « Tam nomine suo proprio quam nomine Arnaldi de Bordis, ejus fratris licet absentis. »

seigneur de Luzan, représenté par noble Jean de Ferrabouc, une terre dite aux Arroquets, sise en Beaucaire. Cet acte, du 6 avril 1508, fut rédigé par Me Pierre de Abbe, notaire de Bezolles, en présence de Jean de Saint-Martin, clerc, Jean d'Alion, meunier de Camarade, et Vital des Barats [1].

Le même Guillaume de Bordes (*de Bordis, loci de Bellocadro*), fut témoin d'une transaction conclue à Valence-sur-Baïse, le 23 octobre 1510. Il était encore archer, dans la compagnie de trente-six lances fournies des ordonnances du roi, sous les ordres de M. Jean de Bonneval, et se trouva en cette qualité à la montre de Pons (en Saintonge), le 21 mars 1526. Plusieurs de ses compatriotes étaient dans les mêmes rangs; on y voyait en effet Antoine de Béraut, Antoine de Savignac, Antoine de Rocquaing, Pierre d'Aubin, Jehan de Beauville, Étienne de Sainte-Colombe et autres [2].

De Guillaume de Bordes dérivèrent :

1. — Jean de Bordes;

2. — André de Bordes, qui était en armes aux revues de Condom et d'Agen, les années 1529 et 1530. Son frère Jean s'y trouvait aussi.

3. — Ramon de Bordes et Pierre de Bordes firent, en 1538, le dénombrement des biens nobles qu'ils tenaient en Condomois. Leur aveu fut reçu par Jacques

1. Acte en parchemin, signé dudit notaire avec paraphe.
2. Gaignières, vol. 782-22.

de Foix, évêque de Lescar, commissaire d'Henri II, roi de Navarre[1].

4. — PIERRE DE BORDES qui, de concert avec Ramon, fit hommage à Mgr de Lescar en 1538[2]; il fut certainement le parrain de Pierre de Bordes, vivant entre 1595 et 1631.

VI.

JEAN DE BORDES, de même qu'André son frère, comparurent à la revue des hommes d'armes passée à Condom, le 12 mars 1529, par Roger d'Ossun. Sous les mêmes enseignes étaient Blaise de Monluc, depuis maréchal de France, de Montpezat, Pardaillan, Bezolles, Béon, Seignan, Cazaux, Baulat, Bats de Labeaune, Lartigue, Laroque, etc.[3] La même troupe était en garnison à Agen le 2 mai suivant. Le 31 octobre 1530, Jean et André de Bordes ne l'avaient pas encore quittée comme il appert d'un rôle de la collection Gaignières[4].

Jean de Bordes, de Beaucaire, épousa, vers 1540,

1. Arch. du château de Nérac, série B, cahier 1498. Inventaire des Basses-Pyrénées; vol. déposé aux Arch. de l'Emp.

2. A partir de cet hommage, par suite des guerres religieuses qui vont s'ouvrir, les de Bordes, appauvris, perdront peu à peu les terres féodales qui constituaient la noblesse effective.

3. MONLEZUN : *Hist. de Gascogne,* t. VI.

4. Gaignières; vol. 782-21. Bibl. Imp.

demoiselle JEANNE D'ARTIGAU, d'une famille qui ne datait pas de la veille : — Bernard d'Artigau était au service de la France, le 8 septembre 1339, lorsque fut passée à Mont-de-Marsan la revue des gens de guerre commandés par le comte de Foix[1]. — Guillaume et Pierre d'Artigau sont portés sur le compte de Barthélemy du Drach, trésorier des guerres du roi en la lieutenance de Gascogne, durant les années 1339-40 et 41[2]. — Jean d'Artigau fut l'un des notables de Condom qui s'assemblèrent au sujet du paréage de cette ville, le 26 décembre 1511. — Arnaudet d'Artigau, fils de Pierre, transmit son héritage à Sanson d'Artigau, son neveu, le 22 avril 1555[3]. — Jean d'Artigau d'Ampeils existait en 1585. — Jean de Bordes reconnut, le 3 juin 1567, être débiteur envers Jean de Labat, de Beaucaire, d'une somme de sept livres un sol[4]. De sa femme Jeanne d'Artigau, vinrent :

1. — JEAN DE BORDES, continuateur de la descendance.

2. — FRIZE DE BORDES s'allia, en 1576, à JEAN DE LA BRIFFE, écuyer, sieur de Ponsan, fils de Denis de La Briffe et de demoiselle Domenge de Ponsan[5]. Elle était

.1. Coll. Doat, vol. 186, fol. 332 et suivants.

2. Bibl. Imp. Mss.

3. Jean Ponson, notaire de Vic-Fezensac.

4. Dupont, notaire de Valence.

5. *Archives de la noblesse*, par Saint-Allais, t. XVI, art. de LA BRIFFE. Ces rapports des de La Briffe et des de Bordes devaient dater de loin. Les

nièce de Pierre de La Briffe qui épousa, le 4 juillet 1560, Marguerite de Pérès; leurs pactes furent retenus par Bargerolle, notaire à Fleurence. Leur fils, Arnaut de La Briffe, écuyer, cousin de Frize et seigneur de Ribayre au comté de Gaure, contracta union, le 11 mars 1583, devant Sassède, tabellion de Réjaumont, avec Jeanne de Cornet[1]. Réjaumont est situé à quatre lieues de Beaucaire.

VII.

JEAN DE BORDES, habitant de Beaucaire, intervint dans des actes divers, courant de 1568 à 1585[2]. Il conclut avec l'assentiment de sa mère, Jeanne d'Artigau, un échange territorial (27 octobre 1568). Dix ans plus tard, il fit un achat de même nature en présence de

de La Briffe étaient alliés aux de Lanta comme les de Bordes, et comme eux voisins des Léaumont, Vicmont, Esparbès, Preissac, Marrast et Monlezun, coseigneurs du Pouy. En compagnie de ces derniers, on trouve fréquemment les de La Briffe dans l'histoire intime de la société féodale en Gascogne. En 1427 Amanieu de La Briffe concourut par sa présence au testament de la dame de Monlezun, épouse du seigneur de Léaumont : or, les Monlezun étaient avec les Bordes coseigneurs du Pouy-Carrégolard. Ce fief était compris dans une partie de la Lomagne confinant au Fezensaguet où était située la terre de La Briffe.

1. SAINT-ALLAIS, t. XVI.

2. Neuf ans plus tôt (1576) Jacques Imbert, Joseph Léonard de Melet, JOSEPH DE BORDES furent élus députés aux états de Blois pour le pays d'Albret et de Condomois. (MONLEZUN, *Hist. de Gascogne*, t. V.)

Pierre du Puy et Jehan de Thezan[1]. Le 3 septembre 1585, le même Jean emprunta, devant de Marignac, notaire de Valence, la somme de quatre cent onze livres, sept sols, à Jean-Charles, baron de Pardaillan, seigneur de Panjas, Castillon, etc.

On ignore l'alliance de Jean de Bordes, mais on connaît son fils qui fut :

PIERRE DE BORDES, homme d'armes en 1595.

VIII.

PIERRE DE BORDES est compris au rôle de la compagnie de trente hommes d'armes conduits par Jean Blaise de La Roche Fontenilles, en 1595[2]. Avec lui servaient les sieurs d'Aignan, de Gestas, du Fau Bédéhan, de Monlezun, d'Astugue, de Galard, de Clarac, Despats, de Baulat, du Roy, de Castets et enfin Jean de Labat (de Beaucaire), écuyer, beau-frère de Jehan de Thezan, père d'autre Jehan, qui devint gendre de Pierre de Bordes. Celui-ci, s'étant retiré du service, acquit le greffe de la baronnie de Pardaillan qu'il exerçait dans les années 1601-1605. Lui seul peut être le Pierre de Bordes qui, le 23 mai 1602, se maria à FRANÇOISE DE

1. Note communiquée par M. Denis de Thezan.
2. MONLEZUN : *Hist. de Gascogne*, t. VI, p. 167.

BERGUES, fille de noble Géraud de Bergues, écuyer,
et de noble Anne de Salles[1]. Ladite demoiselle Françoise était sœur de Jean de Bergues, seigneur de la
Plate, lequel fut père de Géraud, sieur d'Escalup. Les
de Bergues s'allièrent aux de Portelance, de Coquet,
de Malvin. Les rejetons de Pierre de Bordes furent :

1. — JEAN DE BORDES, qui va reparaître.

2. — JEAN DE BORDES, dit le puîné, que nous trouvons à Beaucaire en 1648.

3. — GUILLAUME DE BORDES, prêtre, recteur de la
Roque-Maniban, fut pourvu d'une prébende le 3 janvier 1616, par Blaise d'Aux, écuyer, patron de la col-
légiale Saint-Pierre de La Romieu[2].

Ce bénéfice accordé à un de Bordes par les d'Aux
prouve que le souvenir des vieux rapports entre ces
deux familles, longtemps voisines et amies, n'était point
effacé[3].

4. — GUIRAUDE DE BORDES, damoiselle, mariée à
JEAN DE THEZAN (Gaussan), fils d'autre Jean et de Jeanne
de Labat.

5. — BERNARDE DE BORDES, femme de GUILLAUME
MORLAN VERDELET[4], de la maison de Capitaine, juridic-

1. Arch. de l'ancien parlement de Toulouse : Insinuations.

2. *Mémoire généalogique de la maison d'Aux de Lescout*, p. 25.

3. Destiné à l'état ecclésiastique, Guillaume avait dû recevoir la prébende
plutôt comme rente que comme fonction, car il n'aurait pu l'exercer, en 1616,
à peine entré dans l'adolescence.

4. Note de M. Denis de Thezan.

tion de Beaucaire. Le mari était veuf en premières noces de demoiselle Jeanne La Roche. Il testa en 1659.

6. — JEANNE DE BORDES contracta union avec JEAN CAUSSADE, le 30 novembre 1647, devant Me Labarthe, notaire, et en présence de Me Bonnet Lanavic, curé de Beaucaire, Bernard Lanavic, diacre, Jacques de Thezan, Mathieu du Putz, sieur du Toya, Pierre Morlan, etc. De Jean Caussade et de Jeanne de Bordes vinrent cinq enfants, entre autres : *Françoise Caussade,* qui épousa, par contrat du 1er février 1653, *Dominique d'Espiau,* d'une ancienne famille d'Armagnac, anoblie par le capitoulat de Toulouse. Les Caussade, en 1721, s'allièrent aux Ferrabouc, quoique simples notaires royaux de Beaucaire.

7. — ANTOINETTE DE BORDES épousa BLAISE THORE, le 29 novembre 1623[1].

IX.

JEAN DE BORDES, dit l'aîné, épousa, par pactes du 17 juillet 1643, passés « dans le château noble de la baronnie de Pardaillan, en Fezensac, diocèse d'Auch, » damoiselle MARTHE DE BRUNET, de la paroisse de Vic-Fezensac. La fiancée, fille de Jean de Brunet, sieur

---

1. Arch. de l'ancien parlement de Toulouse : Insinuations.

de Lartigue, était assistée de Charles Moisset, sieur de Saint-Martin, son beau-frère, de damoiselle Jeanne de Paratge, sa sœur, de M⁰ Pierre d'Ayrenx, lieutenant en ladite baronnie. A la même cérémonie furent présents, Antoine de Gimat, sieur de Sourbadère, Moïse Labadie, sieur de Chollet, Jean Raymond Agut, régent de Rozès, et Jean du Puy[1]. Jean de Bordes, de Beaucaire, à sa mort, datée de 1666, avait la postérité cidessous :

1. — JEAN, qui va revenir au degré ci-après;

2. — JEANNE, femme de JEAN D'ESPIAU, qui régla ses dernières dispositions, l'an 1716, dans sa maison de Sansot, juridiction de Beaucaire.

3. — MARIE, instituée héritière générale et universelle de Dominique sa sœur, l'an 1712.

4. — DOMINIQUE, qui dicta ses volontés finales en présence de Bertrand du Luc, Jacques de Ponteils et autres (1712). Dans ces actes, elle distribuait sa fortune entre Marie et Jeanne, ses sœurs, Joseph et Françoise, ses neveu et nièce.

X.

JEAN DE BORDES est connu par des titres portant les dates de 1666-1687. Il fut convié, le 22 avril 1690,

---

1. Registres de Labarthe, notaire royal.

ainsi que Pierre Mothe, sieur de La Hitte, de la famille de Belloc, Jean Carrère, sieur du Bouscarot, Joseph Carrère, sieur du Higuès, Jean Thore, sieur du Merlat, à la fête nuptiale qui eut lieu à l'occasion du mariage de Frix Morlan et d'Anne Lapeyrère[1]. D'après les registres de dénombrement déposés aux Archives de l'Empire, Jean avait pour contemporain et sans doute pour parent : ESQUIBES DE BORDES. Celui-ci avait, l'an 1681, une vigne de 16 journaux dans la paroisse du Pradau, à Condom[2]. De Jean et d'une femme inconnue naquit le ci-après :

XI.

BERNARD DE BORDES (1685) était lieutenant de la baronnie de Pardaillan et de Beaucaire, fonctions qu'il remplissait encore en 1714. Il s'était marié à demoiselle ROSE DE PONTEILS DE CASTILLON[3], née de Bernard, sieur de Castillon, et de dame Marguerite de Lacomme. Rose était sœur de Me Bernard de Ponteils de Castillon, prébendier de la cathédrale de Sainte-Marie d'Auch, et de Françoise de Ponteils de Castillon, femme de noble Marc-Antoine de La Fourcade, écuyer,

1. Reg. de Labarthe, notaire royal.
2. Registre P. n° 523, hommages; Arch. de l'Empire.
3. Note de M. Denis de Thezan.

sieur du Pin. Les Ponteils, qui remontent à Bernard de Ponteils, notable de Valence, en 1377, comptent, parmi leurs alliances, les Carrère du Higuès, les de La Roche, les du Luc, les Mengaud de Lahage, les Mothe de Belloc , les Thezan de Gaussan, les de Vienne, etc. Bernard de Bordes eut de Rose de Castillon :

1. — JOSEPH DE BORDES ;

2. — FRANÇOISE DE BORDES, citée dans le testament de sa grand' tante Dominique de Bordes; elle s'unit à JEAN DE LORT, habitant de l'île de Noé, qui avait pour auteurs Jacques de Lort[1] et Jeanne de Pause. Le contrat fut retenu par Capuron, notaire royal. La célébration matrimoniale avait réuni à Beaucaire une nombreuse assistance. Les parents et les témoins du côté de l'époux étaient Joseph de Bordes, avocat au parlement, son frère, Joseph de Castillon, son oncle maternel, Gabriel de Castillon, son cousin germain, Marguerite de Lacomme, femme de Bernard de Castillon, noble Marc-Antoine de La Fourcade, Jean Carrère, sieur de Bouscarot, Marie Carrère de Monbet.

---

1. La famille de Lort, appartenant à la Guienne, au Couserans et au pays de Comminges, s'est divisée en une série de branches, dites du Pesquè, de Saint-Victor, de Montesquieu, de La Molère. Son sang s'est mêlé par des mariages à celui des d'Arbieu, de Poupas, de Bize, de Castéra-Seignan, de Comminges, de La Motte d'Izaut, de Solan, etc. Les de Lort marquis de Serignan, barons de Savignac, seigneurs de Lebrettes, Valras, Maraussan, en Languedoc, sont alliés aux Bonnet de Maureilhan, du Caylar de Spondeillan, de Grasset, de Sarret-Gaujac, de Sartre. Bien que leurs armes diffèrent

XII.

JOSEPH DE BORDES, avocat au parlement, est nommé dans un codicille de Dominique, sa tante, qui le fit dresser l'an 1712. Beaucaire était sa résidence en 1770. Il fut père d'Antoine, que voici :

XIII.

ANTOINE DE BORDES, baptisé en 1737, fut, à son tour, avocat au parlement et conseiller du roi en la cour présidiale de Condom. C'est ainsi qu'il est qualifié à la date du 30 janvier 1774, dans un procès-verbal des délibérations municipales de Beaucaire, dont il administrait encore la mairie le 14 mars 1817, lorsque la mort vint le surprendre.

Antoine de Bordes fut réduit, par acte administratif du 10 mars 1807, au partage et à l'aliénation de la part qui devait ultérieurement revenir à ses fils, émigrés depuis 1793. L'estimation du lot des deux absents, consistant en vignes, prés et bois dans Beaucaire, fut fixée à six mille francs. Usant du privilége

de celles des de Lort sortis du Comminges, leur point de départ paraît identique. Ils ont donné un archevêque au siége d'Auch en 1205.

que lui conférait la loi, le père racheta les biens au prix de l'évaluation officielle[1].

De son mariage avec demoiselle JEANNE-ÉLISABETH MONDIN, étaient issus :

1. — JOSEPH-ANDRÉ DE BORDES ;

2. — ANTOINE-ANDRÉ DE BORDES, qui naquit à Condom, le 23 septembre 1771, émigra en 1793 et fut nommé chef d'escadron de gendarmerie, chevalier des ordres de Saint-Louis et de la Légion d'honneur, à la rentrée des Bourbons. Il résidait à Paris en 1825. De son union avec demoiselle ROSE BOURDENS vinrent[2] :

I. — *Gustave de Bordes*, peintre d'histoire ;

II. — *Antoinette Quitterie de Bordes* s'est mariée, le 6 avril 1840, à *Jean-Jacques-Alexandre de Lary de La Tour*[3], alors capitaine d'infanterie au 55e régiment de ligne ; celui-ci était fils de François Hubert, comte de Lary de La Tour[4] et de Bertrande-Ursule Doat.

---

1. Arch. du ministre des finances. Papiers relatifs aux émigrés.

2. *Ibid.*

3. C'est dans la commune de Fleurance, au château de Cardeneau, qu'il vint au monde le 14 juillet 1798. De ses huit frères ou sœurs, l'aîné, Victor-François, comte de La Tour, obtint en 1823 la main de demoiselle Marie-Ursule Clara de Castera-Seignan, née de Baptiste Castera-Seignan, chevalier, et de demoiselle Jeanne-Gabrielle de Peyronnencq de Saint-Charamand ; ils n'ont pas eu de postérité.

4. L'illustration de la maison de Lary est sans contredit une des plus éclatantes de Gascogne. Ceux qui voudraient s'édifier à cet égard n'ont qu'à recourir à la généalogie de cette vaillante race par Lainé. (*Arch. de la noblesse*, t. XI.)

XIV.

JOSEPH-ANDRÉ DE BORDES fut tenu sur les fonts baptismaux le 18 avril 1770. De concert avec son frère cadet, il passa la frontière pendant les terribles épreuves de la révolution. Rentré en France, il devint lieutenant-colonel de cavalerie, et fut décoré de la croix de Saint-Louis. En dehors de la fraction de son patrimoine, résultant du partage de la présuccession, dont il a été dit un mot, Joseph-André possédait personnellement la faisande et la métairie du Broca, divers lots de bois, le domaine de Guirauton[1], celui de Bournalès et des prairies de réserve. La vente totale de ces propriétés, effectuée l'an III et l'an IV, produisit cent quatre-vingt sept mille deux cent trente-un francs vingt-cinq centimes. Pareille somme fut prélevée sur le milliard d'indemnité par Gabriel-Henri-André de Bordes, son fils et son mandataire[2]. Celui-ci était né du mariage de Joseph-André de Bordes avec demoiselle HÉBÉ DE PATY, d'une famille de noblesse bien prouvée.

Les de Paty, seigneurs de Paty, de Cleyrac, de La

---

1. Près Castelnau sur l'Auvignon. — Guirauton, situé à proximité du Pouy-Carrégelard, avait peut-être donné son nom au *Guirauton* de Bordes que nous avons vu plus haut, en note de la page 388.

2. Arch. du ministère des finances; papiers relatifs aux émigrés.

Motte, de Bellegarde, de Meine-Vieil, du Guaychon,
sont originaires de Guienne; une de leurs branches,
implantée dans le Condomois, y est aujourd'hui représentée par M. Nelson de Paty, qui compte parmi ses
ancêtres : Jacques Ier de Paty, écuyer, seigneur de Cleyrac (canton de Sauveterre, Gironde). Ce Jacques fut
père de cinq enfants : — 1. Jean, — II. Jacques II, —
III. Pierre, curé de La Fitte, — IV. François, qui épouse
Bertrande Dumeste[1], — V. Jacquette, femme de du Hamel,
lieutenant criminel de Bordeaux. Avec les précédents
coexistaient : — Jean de Paty, écuyer, sieur de Bellegarde, — Guillaume de Paty, sénéchal de Fronsac[2]; un
peu plus tard nous trouvons : — Gratien de Paty, écuyer,
seigneur de Paty, — André Joseph de Paty, sieur de
Meine-Vieil[3]. — Jacques II de Paty, écuyer, deuxième
fils de Jacques Ier, ci-dessus nommé, était sieur de
Guaychon, paroisse de Riveaud, canton de Sainte-Foy,
lorsqu'il fit son testament, le 20 juin 1682. Marie Cha-
brier, à laquelle il s'était marié, lui donna une nombreuse postérité : — I. Gabriel, écuyer, — II. Marie,
épouse d'Eymeric Martineau, sieur du Bourdieu, —
III. Jeanne, — IV. Pierre, — V. autre Marie[4].

---

1. *Bulletin monumental*, 4e série, t. II, 32 vol. de la coll. n° 4, article
Saint-Vincent de Pertignas par Leo Drouyn.

2. *Ibid.*

3. Armorial général de France, t. XIII, fol. 560 et 806.

4. *Bulletin monumental*, ut supra.

De Gabriel de Paty, l'aîné de ceux que nous venons d'énumérer, naquit JACQUES III, auquel M. Léo Drouyn, qui me fournit ces détails généalogiques, attribue la paternité de demoiselle N... DE PATY; celle-ci s'allia à un SIEUR GOISSON, l'un des derniers possesseurs de la maison noble de Naujan. — LÉONARD DE PATY, baron de Rayet, conseiller au parlement de Bordeaux, fut présent à l'assemblée de la noblesse, tenue à Agen, le jeudi 12 mars 1789, pour la nomination des députés aux états généraux. Les de Paty portaient : *D'or, à un lion de sable, à une bande de gueules* (alias : *de pourpre) brochant sur le tout*

XV.

GABRIEL-HENRI-ANDRÉ DE BORDES, propriétaire du château de Meilhan (F), près Auch, a épousé demoiselle JULIETTE DE FONTELIEU DE JAULIN[1], dont le père, Guillaume, servit dans l'armée de Condé en compagnie de M. de Preissac et de plusieurs autres gentilshommes du Sud-Ouest. De cette union sont provenus :

1. — JOSEPH-ANDRÉ-ABDON DE BORDES, avocat, marié à Mlle MARIE-LOUISE-CATHERINE GENOUS DE LA ROQUE, le 24 octobre 1859. Leurs jeunes enfants se nomment *Henri-*

---

1. Un cousin de Mme de Bordes, N. de Fontelieu de Jaulin, s'est allié à Mlle de Menou, des marquis de ce nom.

Marie-Joseph, né à Cazaubon, le 20 avril 1861, et *Marie-Alphonsine-Élisabeth*, venue au monde dans la même localité que son frère, le 20 novembre 1863.

2. — JOSEPH-ALPHONSE-NESTOR DE BORDES, qui a épousé, le 19 février 1862, la sœur de la femme de son frère, Mlle MARIE-MARCELINE-LAURE GENOUS DE LA ROQUE. Il réside avec son beau-père au château de Begué, entre Cazaubon et Barbotan.

CONTRADICTIONS

DU PÈRE ANSELME ET DE LA CHESNAYE DES BOIS

AU SUJET DE GUILLAUME DE BORDES

Porte-oriflamme à Nicopolis.

Nous avons mentionné, page 384, le chevalier GUILLAUME DE BORDES qui, prisonnier de Thomas Felton, en Angleterre, obtint un sauf-conduit, à la date du 12 mai 1381, pour venir en France chercher les moyens de racheter sa liberté[1]. Jusqu'ici ce personnage est parfaitement authentique comme provenance gasconne. La grande question maintenant est de savoir s'il fut ou ne fut pas Guillaume de Bordes ou des Bordes, porte-oriflamme de France à la journée de Nicopolis, que le P. Anselme fait Champenois sans prouver cette identité originelle[2]; La Chesnaye des Bois le déclare Gascon et membre de la branche des Bordes,

1. CARTE : *Rôles gascons, normands et français.*

2. Ce qui a pu déterminer le P. Anselme en faveur des de Bordes ou des Bordes de Champagne, c'est l'éclat de la famille de cette province dès le XIIIe siècle. La comtesse de cette province, en 1220, avait pour bailli de Vitry, *Henry des Bordes ;* ce dernier assista, en décembre 1236, à une séance du parlement du roi, dans laquelle la justice de Brecenay fut adjugée au chapitre de Saint-Étienne, malgré les revendications du grand-maître du Temple (7). (*D. Villevieille*, vol. XVII.)—Messire *Jean des Bordes* reconnut le samedi avant la Purification de l'an 1270 que les gens des Essarts étaient tenus de faire porter leur grain au moulin de Mora sous peine d'amende. (*Cartulaire du chapitre de Saint-Étienne de Troyes.*) — *Marguerite de*

seigneurs du Pouy; seulement, il le débaptise en l'appelant *Thibaut* et le dénature en le considérant comme frère de Guillaume, capitaine de Montereau et chambellan du roi. Thibaut nous semble avoir été substitué sous l'influence de quelque nécessité généalogique. Les aventures d'un Guillaume se retrouvent dans les *Rôles gascons,* dans le D. Caffiaux[1] (*Mss. de la Bibl. Imp.*), dans l'*Histoire du Poitou,* par Thibeaudeau[2], dans les *Titres scellés* de l'ancien cabinet de M. Clairambaut, tandis que les traces de Thibaut ne sont visibles nulle part. Ce dernier prénom est en outre tout à fait exceptionnel dans la famille de Bordes, celui de Guillaume, au contraire, s'y montre avec fréquence. Thibaut étant un personnage n'ayant d'autre garant que La Chesnaye des Bois, je le repousse de la descendance des Bordes du Condomois jusqu'à plus ample informé.

L'opinion de La Chesnaye des Bois[3], malgré notre

Bordes et son fils consentirent à la vente de leur moulin de Pont-à-Meure, situé sur l'étang de Valdieu, en faveur de Mgr Henri de Saint-Ouen, avant la Madeleine de 1293. (*D. Villevieille,* vol. XVII, fol. 88.)

1. « *Guillaume des Bordes,* chambellan du roi, avait une compagnie « d'hommes d'armes, en 1377, dans laquelle servaient Guillaume de La Ferté « et dix-neuf écuyers; ledit Guillaume des Bordes était capitaine général « de la basse Normandie en 1378. » (D. CAFFIAUX, t. Ier, p. 79, *A–B. Mss. Cabinet des titres.*)

2. « Guillaume de Bordes servait contre les Anglais, en Poitou, l'an 1369, » dit Thibeaudeau en son *Histoire du Poitou,* page 330.

3. Voici comment s'exprime La Chesnaye des Bois, en son tome V, art. Des Bordes :.

« DE BORDES ou BORDES (DE), en latin *Bordis :* famille noble originaire

défiance envers lui, serait peut-être soutenable si, au lieu du faux Thibaut, il eût adopté comme porteur du rouge étendard son prétendu frère Guillaume. Celui-ci pourrait être accepté aussi bien que tout autre pour le rôle joué en Hongrie contre Bajazet en 1396. Sa captivité chez les Anglais devait être nécessairement, aux yeux du souverain français, un beau titre pour mériter en tête d'une armée le poste d'honneur et de péril. Enfant de la Gascogne ou de la Champagne, Guillaume de Bordes avait épousé, d'après le P. Anselme, MARGUE-RITE DE BRUYÈRES, dame de Cayeu[1], et selon La Chesnaye des Bois[2], MARGUERITE DE BERNIÈRES. Les

d'Ax et établie en Bugey depuis environ l'an 1390, où elle possède des biens situés à Ysenave.

« Suivant un mémoire envoyé (sic), on trouve dans l'état des cardinaux et archevêques d'Albi, un Bertrand de Bordes qui l'était en 1311. Il avait pour neveux *Bernard de Bordes,* damoiseau, et *Adomenon,* son frère, chanoine d'Ax, qui traitèrent avec le chapitre de Dax, en 1330, pour le fief de Lions, ainsi qu'il conste par un titre original qui est dans la famille. On ne sçait pas où Bernard prit alliance ; il paraît cependant pour constant qu'il fut père de *Guillaume de Bordes,* chambellan du roi, suivant une quittance origi-nale du 6 avril 1379, et, suivant deux autres du 18 février 1378 et 9 août 1386, il acheta de Jean de Châlons, comte d'Auxerre et de Tonnerre, la terre du Bec Crespin. Il fut capitaine de Montereau à 700 livres d'appointement, en 1370, et il épousa *Marguerite de Benières,* « dont il eut : *Jean de Bor-des,* écuyer, seigneur du Pouy, chambellan du roi, capitaine de Montereau, marié avec demoiselle *Catherine de Beauvais,* dont il n'eut qu'une fille mariée à noble *Jean du Bouzet,* seigneur de Poudenas et de Roquepines. Guillaume de Bordes, dont on vient de parler, avait un frère, *Thibaut de Bordes,* mort porte-oriflamme à la fameuse affaire de Nicopolis, etc. »

1. P. Anselme, t. VIII.

2. La Chesnaye des Bois, t. V.

deux historiographes de la noblesse, en divergence sur
le nom de la femme de Guillaume de Bordes, sont
d'accord sur celui de leur fils, qui s'appelait Jean de
Bordes; il mourut l'an 1400, en Turquie, où il avait été
emmené en esclavage après la défaite de l'armée française à Nicopolis. Le P. Anselme assure que ce Jean,
écuyer, chambellan du roi, gouverneur de Montereau,
n'eut pas de postérité. La Chesnaye des Bois, au contraire, le fait époux de *Jacqueline de Beauvais* et père de
Catherine de Bordes, qui s'allia à Jean du Bouzet, seigneur de Poudenas, ce qui constitue un anachronisme,
car elle se maria, en 1472, à Jean du Bouzet, seigneur
du Cos et de Lagraulet, et non pas à Jean du Bouzet,
premier possesseur du fief de Poudenas, qui fonda la
branche de ce nom en 1581.

De cette famille de Bordes, originaire de D'Acqs,
ajoute La Chesnaye des Bois (toujours avec la conscience
qui le distingue), est issue une branche, établie en Bugey,
de laquelle sont sortis les sieurs de Chatelet, de la Cour,
de Montfalcon, etc. Autant de mots, autant d'erreurs.
Les de Bordes du Condomois n'ont rien de commun avec
les de Bordes ou de La Borde de Dax, jusqu'à découverte de la jonction non encore faite. Les sieurs du
Chatelet sont complétement étrangers aux de Bordes du
Sud-Ouest; leur origine est très-claire quoique prove-
nant d'une bouteille à l'encre ou d'une écritoire. Le
premier connu de leurs ancêtres est Pierre de Bordes,

secrétaire du duc de Savoie en 1520. D'Hozier, malgré tout son bon vouloir, et les intéressés, malgré tous leurs efforts, n'ont jamais pu reculer au delà cette date[1]. La faillibilité de La Chesnaye des Bois est la justification de notre rigueur envers lui.

Dans les assertions qui précèdent, la vérité est si bien amalgamée à l'erreur, qu'il est impossible de l'isoler. Nous avons néanmoins soulevé une controverse à ce sujet dans l'espérance que d'autres seront plus heureux dans la recherche de la solution. Nos efforts n'ont abouti jusqu'à présent qu'à établir une balance de présomptions égales en faveur de la Champagne et de la Gascogne quant au porte-oriflamme de Nicopolis.

Qu'il nous soit permis, en finissant, de relever quelques autres erreurs de La Chesnaye des Bois qui concernent les de Bordes du Condomois.

Il affirme que *Mondoline de Bordes*, nièce du cardinal (*sic*), aurait épousé, en 1408, *Ermengaud de Roquemore* ou *Rochemore*. L'oncle prétendu était trépassé en 1311, et tous ses neveux, enfants de Pierre de Bordes, apparaissent sur la scène provinciale de 1320 à 1350. Mondoline, dont il n'est question dans aucun des documents dépouillés par nous, aurait dû, si l'on accepte le dire de La Chesnaye des Bois, être au moins octogénaire avant d'avoir goûté les douceurs de l'hymen ; chose impro-

---

1. Voir leur généalogie manuscrite au cabinet des titres, fonds d'Hozier.

bable, sinon impossible. Ce qui me fait en outre bannir Mondoline de notre famille de Bordes, c'est son omission sur le testament de Pierre de Bordes où l'on a vu défiler ses six enfants légitimes des deux sexes et un bâtard. Il est présumable que Mondoline, si elle avait existé, eût été rappelée comme ses frères et sœurs[1].

1. Au moment de livrer le bon à tirer, l'*Histoire du diocèse d'Agen,* par l'abbé Barrère, me révèle un ÉDOUARD DE BORDES, omis dans ma galerie chronologique. Je le mentionne ici, où il est un peu déplacé, n'ayant plus la latitude de le mettre ailleurs. Cet Édouard de Bordes était premier consul de Condom en 1243.

Je note également en finissant la présence de noble Bernard de Bordes et celles de nobles Raymond de Villa, commandeur d'Abrin, Guillaume de Roquaing, damoiseau, Vital du Luc, chanoine de la Romieu, à l'hommage rendu à Othon, seigneur de Fimarcon, dans le château de Ligardes, le 26 septembre 1378. Ce Bernard est incontestablement le fils de Pierre, frère du cardinal.

FIN DE LA NOTICE DE BORDES.

APPENDICE

NOTES ET PREUVES

SUPPLÉMENTAIRES

NOTES ET PREUVES

SUPPLÉMENTAIRES

NOTE A, PAGE 342.

SENTENCE RENDUE EN 1300 PAR LE SÉNÉCHAL D'AGEN EN FAVEUR
DE GARSIE RAYMOND ET BERTRAND DE BORDES, PÈRE ET FILS.

Noverint universi hoc præsens publicum instrumentum inspecturi, quod Petrus de Rivali, procurator seu syndicus, ut asservit, venerabilis patris in Christo domini Arnaldi Othonis, divina permissione abbatis Condomii et conventus ejusdem loci, personaliter constitutus apud Condomium coram me notario et testibus infrascriptis, exhibuit, ostendit ac legi fecit quamdam patentem litteram sigillis nobilis viri domini Blavii Lupi, militis, senescalli Agennensis pro domino nostro rege Franciæ et domini abbatis prædicti, ut prima facie apparebat impendenti, sigillatam. Tenor cujus litteræ sequitur in hunc modum. Noverint universi quod anno Domini millesimo ducentesimo nonanegisno, nono die veneris post octavas Purificationis Beatæ Mariæ virginis, comparuerunt coram nobis Blayo Lupi, milite, domini nostri regis Franciæ illustris ejusque senescallo Agennensi, et Arnaldo Othonis, permissione divinâ abbate Condomii, apud Condomium magister Bartholomæus de Curte, defensor substitutus dicti domini regis in Agennesio, ex unâ parte, et Garcias Raimundi de Bordis et Bertrandus ejus filius cum assensu et auctoritate prædicti patris sui,

burgensis Condomii, pro se ex altera; et cum fuisset nobis de-
nunciatum seu significatum quod post securitatem legitimam per
dictum Garciam Raimundi, Bertrandum prædictum, Joannem et
Raimundum, filios dicti Garciæ Raimundi pro se et suis, Bernardo
de Fabrica quondam burgensi Condomii et suis præstitam juxta
usum curiæ Agennensis dicti domini nostri regis, dictus Bernardus de Fabricâ quondam fuit gladio interfectus in villa Condomii.
. . . . Prædicti pater et filius grati,
volentes finem facere super prædictis, nobis senescallo prædicto
nomine domini regis prædicti et abbati prædicto, sexaginta
libras Turonenses nigrorum parvorum obtulerunt. Verum cum
nobis constet per inquestam de mandato nostro super prædictis,
contra dictos Garciam Raimundi et Bertrandum, filium suum
prædictum, nihil fuisse probatum de prædictis contra ipsos Garciam Raimundi et Bertrandum filium suum, nisi per dispositio-
nem Martini Hypani alienigenæ et hominis vilis conditionis et
status, qui deposuit se portasse vigenti solidos Morlanenses, de
mandato dicti Bertrandi, Petro de Yspania prædicto; recipientes
finem et oblationem, per dictos patrem et filium factam, in præsentia defensoris prædicti, Nos senescallus et abbas prædicti,
prædictos Garciam Raimundi et Bertrandum, filium suum, de
prædictis omnibus et singulis contra ipsos denunciatis et eisdem
impositis, et ab omni pœna corporali, et quacumque pœna majori pecuniaria et qualibet alia si pro prædictis tenentur absolvi-
mus et quittamus, volente, consentiente dicto Substituto. In cujus
rei testimonium Nos senescallus et abbas prædicti sigilla nostra
præsentibus duximus apponenda. Actum et datum anno et die
prædictis et loco, præsentibus discreto viro domino Geraldo de
Malavilla, legum doctore, judici majore Agennensis, magistris
Raymundo de Cassanheto, Bernardo Geraldo, jurisperitis et pluri-

bus aliis, requirens dictus procurator seu syndicus prædictam litteram per me notarium infrascriptum transcribi et redigi in publicam formam ad æternam rei memoriam. Actum et requisitum fuit hoc Condomiĭ, XIII. die introytus mensis octobri anno Domini M. CCC. Testes sunt Raymundus de Campeto, Guillelmus de Lobenx, Petrus de Macario et ego Otho de Bellopodio, communis notarius Condomii, qui ad requisitionem dicti procuratoris prædictam litteram transcripsi et in publicam formam redegi, et inde feci hoc præsens publicum instrumentum, regnante domino Philippo rege Franciæ et Arnaldo Othonis, abbate Condomii, existente.

(Pièce en papier de deux rôles, carton n° 254, série Q. Archives de l'Empire, à Paris.)

NOTE B, PAGE 352.

LES ARMES DU CARDINAL BERTRAND DE BORDES.

Duchesne, d'après Ciaconius, dont les erreurs ne nous inspirent qu'une foi ombrageuse, attribue à Bertrand de Bordes les armes suivantes : *D'or, à trois charbons ardents de sable, deux en chef et un en pointe.* Duchesne répète ce blason dans son *Histoire de tous les cardinaux françois de naissance.* En admettant même que ces écrivains sacrés eussent raison, ce qui n'est pas démontré, nous ne croirions pas avoir tort. Ces armes dont Bertrand de Bordes, fit usage durant son pontificat, étaient nécessairement antérieures à l'année 1311, qui est celle de sa mort et de l'anoblissement de son frère Pierre. Avant que le roi n'eut accordé des armes particulières à la famille de Bordes, les fonctions pastorales de Bertrand, évêque ou cardinal, lui avaient imposé l'emploi d'un anneau ou d'un sceau héraldique. Il dut alors prendre des armes personnelles, indispensables dans l'exercice de sa dignité.

Les trois charbons qui brûlent dans le champ semblent avoir une signification allégorique; ceux du prophète Isaïe ayant le don de tout purifier, qui sait si ceux de Bertrand de Bordes n'avaient pas trait à son origine bourgeoise? La supposition est faisable à cause des préjugés de l'époque à l'endroit de la naissance. Pierre de Bordes, en recevant la ceinture militaire, dut également obtenir de la maison royale des armes héréditaires. Postérieurement, celles de Bertrand de Bordes, cardinal, simplement individuelles ou sacerdotales, n'eurent plus leur raison d'être. Philippe le Bel gorgea de ses largesses Pierre de Bordes, mais à la considération du cardinal que le souverain appelle « dilecti et specialis amici nostri Bertrandi. » Les mérites de Bertrand n'attirèrent les récompenses matérielles et honorifiques sur son frère Pierre qu'à la fin de l'année 1311, ce qui coïncide avec l'époque de la mort du camerlingue. Les armes émanées de la grâce souveraine étaient les seules régulières; celles du cardinal ne l'étant pas, durent être abandonnées. Aussi ne les retrouve-t-on ni dans les générations ultérieures de sa race, ni dans celle des autres familles homonymes.

Les armes d'aucune famille de Bordes ne se rapportent, ni de près ni de loin, à celles données par Ciaconius et par Duchesne à Bertrand de Bordes, cardinal, comme on peut le vérifier par le tableau ci-après :

GUILLAUME DE BORDES, PORTE-ORIFLAMME DE FRANCE, tué à NICOPOLIS EN 1396, PORTAIT : *Écartelé, aux 1 et 4 trois étoiles de six rais ou molettes; aux 2 et 3 une bande.* (P. ANSELME.)

DE BORDES, SIEURS DU CHATELET, avaient : *D'or, à un cheval naissant de gueules, coupé de sinople à une molette à huit-pointes d'or.* (D'Hozier. Bibl. Imp. Mss.) Je crois que le P. Anselme a attribué ces armes à Guillaume de Bordes sans avoir la certitude qu'il appartenait à la famille de Champagne dont le blason était tel.

DE BORDES, ALLIÉS AUX BEAUPOIL DE SAINT-AULAIRE, blasonnent : *D'or, à deux pals de gueules, chacun chargé de deux besans d'argent.* (Dict. héraldique manuscrit.)

PIERRE DE BORDES, CONSEILLER AU PARLEMENT DE NAVARRE : *De gueules, à une maison d'or ajourée d'azur, écartelé d'argent, à trois molettes d'azur, deux et une.* (Armorial général, tome III, reg. de Béarn, fol. 11.)

DE BORDES (COMMINGES) : *De gueules, à une maison d'argent, du toit de laquelle sort un bras armé d'une épée qui enfile une couronne de comte, au chef cousu d'azur chargé de trois étoiles d'or.* (Mss. Larcher, Arch. des Hautes-Pyrénées.)

PIERRE DE BORDES, PROCUREUR DU ROI A PUYMIROL : *De gueules, à une bordure d'or chargée de huit tulipes d'azur.* (Armorial général de France, Bibl. Imp.)

DE BORDES, SIEURS DE LA BASTIDE, en Fezensac : *D'or, à un fer de cheval de gueules et une bordure de même.* (Armor. gén. de France, vol. XIV ; idem.)

DE BORDES DE LA SALLE : *D'or, au lion de gueules, surmonté d'une croisette de même, parti de gueules à neuf losanges d'argent, 3, 3 et 3.* (Armorial des familles nobles de France, par Saint-Allais, t. Ier, 1815.)

MARGUERITE DE REBLAYS, VEUVE DE JEAN DE BORDES, ÉCUYER, porte : *D'azur, à trois épis de bled d'or mis en chef, coupé d'or à une tête de maure de sable bandée d'argent.* (Armorial gén., vol, XIII, fol. 39.)

LOUIS DE BORDES (en Béarn) : *De sinople à une bordure componée et contre-componée d'or et de sable.* (Armorial de France, section de Béarn, Bibl. Imp.)

PIERRE DE BORDES, SEIGNEUR DE COUPET ET TREULON, CONSEILLER AU PARLEMENT DE GUYENNE : *D'azur, à un chien d'argent tenant un os d'or sur une terrasse de sinople.* (Arm. gén., vol. XIII, fol. 91.)

RAYMOND DE BORDES, SIEUR DE SUISSAT : *D'azur, à un renard passant d'or, écartelé d'argent à une tête de maure de sable surmonté d'un lambel de gueules.* (Arm. gén., vol. XIII, fol. 920.)

DE BORDES (NORMANDIE) : *D'or, à la tour de gueules.* (Rietstap, Arm. gén.)

Autre DE BORDES : *Coupé, au 1 d'or au cerf naissant de gueules, au 2 de sinople à la molette d'or.* (Ut suprà.)

DE BORDES (CONDOMOIS, LOMAGNE) : *D'or, au chevron de gueules, accompagné en chef de deux roses et en pointe d'une montagne de même.*

DE BORDES (BAZADAIS, PÉRIGORD) : *D'azur, à un chevron d'or, accompagné en pointe d'un lion de même.*

DE BORDES, ALLIÉS AUX DE LA BRIFFE : *D'or, au chevron de gueules.* (Saint-Allais.)

DE BORDES (ANGOUMOIS) : *D'azur, au chevron d'or accompagné de trois arêtes de poisson d'argent en pals.* (Rietstap; Arm. gén.)

De ce tableau comparatif des armes attribuées aux de Bordes de toutes les provinces de France, il résulte que celles de Bertrand, le cardinal, étaient individuelles et non pas familiales, puisque, après lui, elles ne reparaissent nulle part, pas même dans la descendance de son frère.

Les armes au chevron appartenant aux de Bordes, seigneurs du Pouy, en Gascogne, et aux de Bordes, seigneurs de la Fayardie et de Casenove, en Périgord, laissent présumer que ces derniers furent, à une époque indécise, un rameau des premiers; quant aux de Bordes Périgourdins, dont on retrouve la trace depuis 1080, s'ils se sont continués, leurs rejetons ne peuvent être que les de Bordes alliés aux Beaupoil de Saint-Aulaire, lesquels portaient, comme on l'a vu : *D'or, à deux pals de gueules chacun, chargé de deux besans d'argent.*

NOTE G, PAGE 256.

DÉPÔT DE 4000 LIVRES TOURNOIS DANS LE COUVENT DES FRÈRES PRÊCHEURS DE TOULOUSE PAR GUILLAUME DE BORDES, ÉVÊQUE DE LECTOURE, EN 1310.

On lit en tête du document le titre qui suit :

Déclaration du sous-prieur des frères prêcheurs de Toulouse, portant que Vitalis de Bramavaca, chanoine de Saint-Gaudens, avoit mis pour Guillaume, évêque de Lectoure, 4000 livres tournoises dans un coffre qui estoit dans le dortoir de leur couvent en 20 sacs, dont il y en avoit 18 scellés du sceau du thrésorier de B. Cardinal et Camérier du Pape, qui avoit été autrefois évêque d'Alby.

12° exitus mensis februarii 1310.

Noverint universi quod religiosus frater Joannes Ademarii, ordines ordinis fratrum prædicatorum subprior, eorumdem fratrum in conventu Tolosano recognovit et in veritate confessus fuit quod discretus et venerabilis vir dominus Vitalis de Bramavaca, canonicus Sancti Gaudentii, nomine et vice reverendi in Christo patris domini Guillelmi, divina providentia, et sedis apostolicæ electi Episcopi Lectorensis, misit et posuit seu poni fecit in quadam arca magna de noguerio quæ est posita et situata in dormitorio dictorum fratrum, in introitu dicti dormitorii, juxta custodiam cellarum quatuor millia libras turonensium parvorum, in valore in diversis monetis, in vigenti saccis sigillatis quorum saccorum decem et octo sunt sigillati, sigillo discreti viri domini Hugonis Ricardi, thesaurarii, una cum domino Cen-

ullo de Glatenx, canonico Lectorensi et Albiensi, reverendi in
Christo patris domini B. olim Albiensis Episcopi, nunc sacræ
Sanctæ Romanæ Ecclesiæ Cardinalis et Camerarii domini Papæ,
duo vero sigilla prædicti domini Vitalis de pecunia videlicet habita
et recepta per eumdem dominum Vitalem, ut ipse dominus Vitalis
asserebat in præsentia mei notarii et tertium infrascriptorum de
arredamentis fructuum et proventuum duorum annorum quo-
rumdam beneficiorum ecclesiasticorum præfati domini G. Lectorensis clerici, in quorum si quidem saccorum tresdecim sunt
mille trecentæ libræ turonensium parvorum in valore in parisiensibus duplicibus; scilicet in uno quoque eorum centum libræ
turonenses, in moneta prædicta parisiensi, sex vigenti libræ, videlicet pars, pro centum libris turonensibus computatis, in quinque
vero septingentæ libræ turonenses, in valore scilicet in uno
eorum trecentæ libræ turonenses, in turonensibus grossis argenti
in alio centum libræ turonenses in turonensibus similiter grossis
argenti et in tribus residuis trecentæ libræ turonenses, in uno
quoque ipsorum, videlicet centum libræ turonensium parvorum,
in aliis autem duobus duorum et una libra turonensis; scilicet
in uno ipsorum noningentæ septuaginta novem libræ turonensium parvorum, in turonensibus grossis argenti, in alio mille
vigenti duæ libræ turonensium parvorum in florenis auri de Flo-
rentia, et in Parisiensibus aurei de Massa quæ quidem pecunia-
rum quantitates faciunt fideliter numeratæ et ponderatæ tam per
Raymundum Carreriœ campsorem Tolosæ, quam per Bernardum
Garrigas, mercatorem civitatis ejusdem in præsentia fratris Bertrandi Borelli, dictorum ordinis et conventus, domini Jacobi
Marquesii, presbiteri ut ibi fuit dictum per prædictos fratrem
Bertrandum Borelli, dominum Jacobum Marquesii, etc.; item
prædictus dominus subprior recognovit et concessit ut supra

quod dominus Vitalis nomine præfati domini electi et pro ipso misit seu poni fecit in arca prædicta magna quatuor cophinos viridi coloris in quibus quidem cophinis idem dominus Vitalis esse dicebat trigenta quatuor cuppas argenteas, de super deauratas cum super cuppis et novem pigerios argenti, qui quidem vigenti sacci clausi et sigillati ut præmittitur, ac etiam prædicti quatuor cophini in præsentia præfati domini subprioris, mei notarii, et testium infrascriptorum repositi fuerunt nomine ejusdem domini Guillelmi electi, per dictum dominum Vitalem in arca magna prædicta et in loco jam dicto dormitorii supradicti, in quorum sequidem pecuniæ et cophinorum cum rebus in ibi contentis custodia idem dominus supprior promisit illam diligentem custodiam adhibere et adhiberi facere quæ in aliis rebus dicti dormitorii adhibetur et adhiberi consuevit, qua quidem arca clausa per dictum dominum Vitalem claves dictæ archæ idem dominus Vitalis secum asportavit. Actum fuit hoc Tolosæ in domo dictorum fratrum prædicatorum, die mercurii, ante festum Cathedræ Sancti Petri quæ fuit duodecima dies exitus mensis februarii, regnante domino Philippo rege Francorum, Gaillardo, episcopo Tholosano, anno ab incarnatione Domini millesimo trecentesimo decimo, in præsentia et testimonio venerabilis et discreti viri domini Petri de Bordis, fratris præfati domini electi domini Geraldi de Campo, Duranti, rectoris ecclesiæ Sancti Felicis de Tetula, Nemausensis diocesii, et dicti domini Jacobi Marquesii, rectoris ecclesiæ Sancti Petri de Avit, diocesis Albiensis, Raymundi Ysalguerii, Raymundi Barreriæ, campsorum Tholosæ, Bernardi Garrigas, mercatoris, et fratris Bertrandi Borrelli, dictorum ordinis et conventus, et mei Vitalis Ruffi, publici Tholosæ notarii, qui ad hæc omnia interfu et cartam istam scripsi. *Datum ut suprà.* (Doat, vol. CVIII, fol. 376. Bibl. Imp. Mss.)

NOTE D, PAGE 360.

TESTAMENT DE PIERRE DE BORDES

(1327.)

La distribution de la fortune territoriale et mobilière de Pierre de Bordes à ses enfants est déjà connue par de nombreuses citations du texte latin. Il serait donc oiseux de reproduire le document en entier. Quelques pages suffiront pour donner une idée de la libéralité de celui qui le fit dresser. Voici le titre que porte ce mémorable testament dans la collection Doat, à laquelle nous l'empruntons :

Testament de Pierre de Bordis, chevalier, seigneur de Launac, par lequel il eslit sa sépulture dans l'église où il plairoit à Guillaume, évêque de Lectoure, son frère, dans laquelle il fonde une vicairie perpétuelle sur les biens de Launac ; fait ses exécuteurs testamentaires ledit Guillaume, évêque, et Géraud, archidiacre de l'église de Lectoure, son fils, et institue ses héritiers Bernard et Bertrand de Bordis, ses enfans.

4° Exitus mensis martii 1327.

Quoniam humani generis conditio mutatione continua alterata incessanter mortis mansuetudini appropinquat, factaque præterita nos amoneant foreque ajenda negotiis. Idcirco ego Petrus de Bordis, miles, dominus de Launaco, prout est mihi possibile divino auxilio invocato in gravi infirmitate mei corporis detentus tamen bono sensu, memoria, dispositione bona, et intellectu vigentibus, et reiectis adversis, et negotiis omnibus recollectis, volens de corpore meo, et profectum anime, et salutem quoad sepulturam et alia necessaria ordinare, et etiam de bonis et rebus meis ne post mortem meam inter filios et hæredes meos nulla questionis seu controversiæ materia relinquatur meum ultimum testamentum nuncupativum, et extremam voluntatem condo, dispono et ordino in hunc modum. Primo animam meam comendo Domino Deo nostro Jesu Christo et beatæ Mariæ virgini matri ejus, et toti collegio beatorum, et in illa ecclesia in qua reverendo patri in Christo domino Guillelmo divina providentia episcopo Lectorensi fratri meo magis placuerit, et ejus discretioni videbatur faciendum ac etiam ordinandum, mei proprii corporis eligo sepulturam, et unam capellaniam, seu vicariam perpetuam ad honorem Dei et beatæ Mariæ virginis, et omnium civium supernorum assigno, et ordino super bonis meis de Launaco in ecclesia dicti loci usque ad summam quindecim librarum turonensium parvorum annuatim et perpetuo de bonis meis, et rebus dicti de Launaco capellano seu vicario, cui conferetur pro solvenda medietate in festo beati Martini hiemalis et alia medietate in festo paschæ Domini per Bernardum de Bordis hæredem meum, pro quibus quindecim libris turonensibus in redditibus emendis lego quingentas libras turonensium parvorum. Item volo, et ordino, et dispono quod hæres meus videlicet Bernardus de Bordis, filius meus, et hæres meus infrascriptus perpetuo cum vacabit dicta capellania, et etiam statim post mortem meam præsente domino archiepiscopo Tholosano seu ejus vicariis, idoneum clericum qui nisi promotus fuerit ad sacros ordines se faciat promoveri auper dictum dominum archiepiscopum seu ejus vicarios dicta capellania conferatur et qui celebrare teneatur ibidem et Deo deservire pro anima mea et illorum qui de parentela mea migraverunt ab hac vita et omnium fidelium defuncto-

rum cujus capellaniæ juspatronatus et præsentandi volo ad prædictum meum hæredem et ejus successores perpetuo pertinere,
item volo ordino et dispono quod dictus Bernardus hæres meus
infrascriptus annis singulis et in perpetuum in die mei obitus in
dicta ecclesia de Launaco habeat et teneatur habere capellanos
qui missas celebrent et celebrare teneantur dicta die, quibus
quidem capellanis volo quod vigenti solidi Arnal. de bonis meis
annis singulis persolvantur et inter eos distribuantur per dictum
Bernardum hæredem meum infrascriptum. Item lego operi
ecclesiæ Sancti Felicis de Astaforti centum solidos Arnaldenses.
Item operi ecclesiæ Santæ Germiæ de Astaforti centum solidos
Arnaldenses. Item confratriis de Sancto Genivera et de Sancta
Catherina de Astaforti cuilibet quinque solidos Arnaldenses. Item,
capellano de Astaforti majori quinque solidos Arnaldenses. Item,
vicario de Astaforti, tres solidos Arnaldenses. Item, duobus sacri-
stanis de Astaforti, cuilibet, duodecim denarios Arnaldenses. Item,
operi ecclesiæ beati Stephani de Agenno viginti solidos Arnal-
denses. Item, operi pontis Agenni lego decem solidos Arnaldens.
Item, lego cuilibet conventui domus ordinis paupertatis de
Agenno, pro pitantia, decem solidos Arnaldenses semel cuicumque
exsolvendos. Item, lego operi ecclesiæ beatæ Mariæ de Rupe-
Amatoria decem solidos Arnaldenses. Item, operi ecclesiæ de
Rhelaco vigenti solidos Arnaldenses. Item, lego *operi beatæ Mariæ
de Podio* viginti solidos Arnaldenses. Item, lego operi ecclesiæ de
Mensaco centum solidos Arnaldenses. Item, operi ecclesiæ de
Launaco centum solidos Arnaldenses. Item, operi ecclesiæ beati
Georgii de Gimbreda viginti solidos Arnaldenses. Item, operi
ecclesiæ Sancti Gervasii de Lectora, viginti solidos Arnaldenses.
. . . . Item, operi ecclesiæ beatæ Quiteriæ Dayra,
viginti solidos Arnaldenses. Item, lego cuilibet conventui ordinis

paupertatis Lectorensis, pro pitantia, semel cuilibet conventui
exsolvendos decem solidos Arnaldenses. Item, lego hospitali
Davopas viginti solidos Arnaldenses. Item, lego *hospitali beati
Antonii de Vianes* viginti solidos Arnaldenses. Item, volo et ordino
quod quando passatgium generale ultramarinum ordinabitur et
fiet, hæredes mei infrascripti ordinent et instituant unum ser-
vientem ad honorem Dei et beatæ Mariæ virginis et omnium
civium supernorum et ordinare et instituere teneantur. Qui ser-
viens pro redemptione animæ meæ transeat et ad sacrum passatgium accedat, et faciat, et quod prædicto servienti per modum
prædictum instituendo et ordinando hæredes mei infrascripti
tradant, et accomodent, tradere et accomodare teneantur pro
dicto passatgio faciendo, viginti libras turonensium parvorum.
Item, lego operi beatæ Mariæ de Carmelo, civitatis Tholosæ,
viginti solidos Arnaldenses. Item, operi ecclesiæ beatæ Mariæ de
Granata, decem solidos Arnaldenses. Item, operi ecclesiæ beati
Joannis de Lius (*Plieux*) et de Marcisent, decem solidos Arnaldenses. Item, operi ecclesiæ beati Clementis de Astaforti, decem
solidos Arnaldenses. Item, operi ecclesiæ Sanctæ Columbæ in
Leôm, decem solidos Arnaldenses. Item, operi ecclesiæ Sanctæ
Rosæ in Leôm, decem solidos Arnaldenses. Item, operi ecclesiæ
de Sancta Mera in Leôm, decem solidos Arnaldenses. Item, lego
Dominico Peyrerii centum solidos Arnaldenses. Item, Forciô
Sancti de Porta, centum solidos Arnaldenses. Item, omnibus filio-
lis et filiolabus meis, cuilibet decem solidos Arnaldenses. Item,
Jacobo de Montibus, centum solidos Arnaldenses. Item, Arnaldo
de Clavaria, centum solidos Arnaldenses. Item, Augerio de Lava-
ria, centum solidos. Item, lego cuidam vocato Barta, viginti solidos Arnaldenses. Item, Arnaldo de Lavarda et ejus uxori decem
solidos Arnaldenses. Item, capellano de Mensaco, decem solidos

Arnaldenses. Item, lego ecclesiæ beatæ *Mariæ de Podio,* unum calicem argenti de marca cum dimidia. Item, Galinerio de Mensaco vigenti solidos Arnaldenses. . . . . Item, lego ego testator prædictus quinquaginta pauperibus habitantibus in locis de Astaforti, de Launaco et de Mensaco, quinquaginta tunicas, cuilibet suum, solvendas per hæredes meos infrascriptos. Item, lego decem puellis pauperibus de Astaforti, ad maritandum ipsas, cuilibet earumdem centum solidos turonenses. Item, lego Philibertæ Burgundæ, quadraginta solidos turonensium parvorum. Item, lego Perrino de Cordua, filiolo meo, alimenta sua, scilicet victum et vestitum ad vitam ejusdem, in et super bonis meis de Mensaco et de Launaco, donec dictus Perrinus habuerit et obtinuerit aliquam ecclesiam seu capellaniam, usque ad valorem decem vel quindecim librarum turonensium ; quibus sic habitis et obtentis per dictum Perrinum de Cordua, dictus Bernardus de Bordis, hæres meus infrascriptus, ex tunc sibi dicta alimenta et necessaria eidem Perrino dare et præstare minime teneatur. Item, lego Bertrando de Bolbestre quatuor libras turonensium parvorum, solvendas per dictum Bernardum de Bordis, hæredem meum infrascriptum ; eidem Bertrando, anno quolibet, viginti solidos Arnaldenses, donec de dicto legato eidem integre fuerit satisfactum. Necnon etiam lego dicto Bertrando de Bolbestre super facto de Mensaco et de Launaco, ad vitam ejusdem, alimenta sua, videlicet victum et vestitum ejusdem Bertrandi ; quæ alimenta, ut supradictum est, dictus Bernardus, hæres meus infrascriptus, eidem Bertrando præstare et dare teneatur. Item, lego Joannæ de Costa quadraginta solidos turonenses, solvendos sibi quolibet anno viginti solidos turonenses, donec de prædictis quadraginta solidis turonensibus eidem Joannæ de Costa fuerit integre satisfactum, seu etiam persolutum.

Item, lego Joannæ de Mirados, nutrici *Raimundi Arnaldi et Petri de Bordis, filiorum meorum,* unam sestariatam terræ. . . . .
Item, lego Bertrando de Mediomense quadraginta solidos turonenses. Item, lego *magistro Petro, ypotecario de Condomis,* decem libras turonenses, etc. . . . . Actum fuit hoc apud dictum locum de Volps, Lectorensis diocesis, quarto die exitus mensis martii anno domini millesimo trecentesimo vicesimo septimo, regnante Karolo Francorum rege, Guillelmo, Lectorensi episcopo, etc.

Extrait collationné d'une copie en parchemin trouvée aux archives du chapitre de l'église cathédrale d'Alby (*Doat, vol. 42, fol. 313-327.* — *Bibl. Imp., Mss.*)

NOTE E, PAGE 363, 372.

PREMIERS PERSONNAGES CONNUS DU NOM DE BORDES.

(*Limousin, Périgord et Guyenne*).

Nous avons dit, pages 363 et 372, que les de Bordes du Condomois avaient pu très-bien perdre leur qualité originelle en émigrant, soit du Limousin, soit de Guienne, soit du Couserans. Ces contrées furent certainement les berceaux de tous les Bordes du centre et du sud de la France. L'ancienneté des familles de ce nom est affirmée par des actes du XIe siècle :

FOUCHER DE BORDES est dit oncle de Guillaume de Ségur dans une donation faite par celui-ci, vers 1080, à l'abbaye d'Uzerche en Limousin. (*Collection Gaignières; extraits des titres originaux;* vol. CLXXXV, fol. 47.)

ARNAUD ET RAYMOND DE BORDES apparaissent dans un même lointain quand on se retourne attentivement vers le passé. Le

9 octobre 1080, un concile s'assemblait à Bordeaux pour condam-
ner les erreurs de Bérenger, déjà frappées de plusieurs sentences
canoniques. Aimé et Hugon, légats du saint-siége, vinrent prendre part à ces graves débats. L'hérésiarque fut amené par Rodol-
phe de Tours, son métropolitain. Le duc d'Aquitaine, dont la foi
était ou avait été flottante, répondit aussi à la convocation. Parmi
les seigneurs de sa brillante suite, on voit Pierre, vicomte de
Gavarret, Bernard et Vesian de Rions, Boson de Montremblant et
Bernard d'Escossan Arnaud et Raymond de Bordes. (Cirot de la
Ville, *Hist. de la Grande Sauve,* t. Ier, p. 280.)

Hélie de Bordes (*de Bordas*) coopéra à la cérémonie confirma-
tive de l'abbaye de Lesterpe, diocèse de Limoges, en l'année 1093.
(*Gallia christiana,* t. II, pr. fol. 198.)

Astorg de Bordes (*de Bordiis*) vendit, en 1164, à Étienne, abbé
de La Valette, diocèse de Tulle, un ténement compris dans le
hameau d'Artigues. (*Gallia christiana,* t. II, p. 218.)

Géraud de Bordes, qualifié chevalier, de Saint-Germain, juridiction d'Excideuil, en Périgord, prit alliance dans la maison de
Boysseulh, comme il appert d'une cession de l'année 1249. Géraud
repassa à ses beaux-frères, Gui et Géraud de Boysseulh, moyen-
nant 100 sous tournois, huit livres d'une rente, que sa femme
avait reçue en constitution dotale.

Aitz Bordas, donzel, et Aimeric de Chambarlhac, chevalier,
furent nommés exécuteurs testamentaires d'Hélie de Chabans,
chevalier Périgourdin, qui régla ses volontés posthumes, le 7 des
ides d'août 1281. (Courcelles : *Hist. des pairs de France,* t. IX.)

Cette coexistence des Bordes du Condomois et du Périgord
au xiiie siècle, n'exclut pas l'idée d'une implantation postérieure
des premiers dans le pays des seconds. C'est ainsi que pourrait
s'expliquer l'analogie de leurs armes.

(*Languedoc, Couserans, Comminges.*)

Voici maintenant quelques sujets primitifs du nom de Bordes
relevés dans divers manuscrits ou livres relatifs à l'histoire du
Midi. Ceux de Condom sont-ils descendus du Limousin ou re-
montés du Couserans? Tel est le nœud de la question que je
n'oserais entreprendre de défaire ou de trancher. Tout ce que
nous pouvons assurer, c'est qu'ils étaient distincts dès le
xⅢe siècle.

Pierre Raymond de Bordes (*de Bordis*) apposa son sceau à une
charte de donation, consentie par Bernard de Durban, Guillelme,
sa femme, et leurs enfants, au profit de l'abbaye de Saint-Étienne
d'*Asilensis*. En vertu de cette libéralité (mai 1124) la *quarte* partie
des dîmes de Salas, sur les rives de la Garonne, entre *Murelli* et
Falgar, passait au susdit monastère. (D. Vaissette : *Hist. du Languedoc*, t. II, p. 432.)

Raymond de Bordes figure comme témoin dans deux transactions conclues par Bernard-Aton, vicomte de Nîmes, pendant les
années 1143 et 1145. (D. Vaissette : *Hist. de Languedoc*, t. II, pr.
col. 507 et 508.)

Jean et Sancie de Bordes sont mentionnés dans le *Gallia christiana*, tome XIII, page 131, col. 2 : « Pontio abbati Grandis Sylvæ
« a patre suo concessa in Bordis Sancti Georgii, fumaverunt
« anno 1168, *Johannes* et *Sanceia* de Bordis, sic etiam comes Tolo-
« sanus Raymundus rata habuit in capitulo, die festi omnium
« sanctorum privilegia a decessoribus suis indulta. »

Hélie et Pierre de Bordes assistèrent, l'année 1196, au serment
échangé à Verdun entre Bernard, comte de Comminges, neveu

du comte de Toulouse, et Jourdain de l'Isle, au sujet de certains fonds. (D. Vaissette : *Hist. du Languedoc*, t. III, p. 170.)

Le président Doat, dans sa précieuse collection, a recueilli l'acte par lequel Guillaume, abbé de Lezat, donna en commande-ment la ville de Bérat et ses dépendances à Pons de Bordes, sa vie durant. Cette charte est du mois de décembre, « feria tertia, » de l'année 1209. (T. II, p. 375.)

Philippe de Bordes, héritier de sa femme Raymonde, eut, à propos d'une succession, quelques démêlés avec le sénéchal de Carcassonne. (*Registrum curiæ Carcassonnæ,* tomus secundus, pages 44 et 45 ; Bibl. de Toulouse. Mss.) Commencé l'an 1240, ce diffé-rend fut vidé par lettres patentes du roi de France expédiées en 1242.

Raymond et Arnaud de Bordes rendirent leurs devoirs de vassaux au comte de Foix pour les lieux de Bordes, Carla, Bastide et leurs appartenances durant 1301. (*Arch. de l'abbaye de Bolbonne, vol. in-fol. Mss. Bibliothèque de Toulouse.*) Raymond avait également le château héréditaire de Bordes en Damazanais et divers téne-ments en Sabarthez, ainsi que dans les environs de Sos et de Saverdun. Tous ces biens comme les ci-dessus relevaient de Gas-ton de Foix.

Jean de Bordes était lieutenant de robe courte pour les séné-chaux de Bigorre en 1312. (*Mss. Larcher; Bibl. de Tarbes.*)

Bertrand de Bordes, le 10 mars 1331, fut déchargé de tous ses arrérages de recette envers le comte de Foix et nommé son séné-chal à la place de Bertrand de Prajols, qui devait suivre son noble maître en Terre-Sainte. (*Arch. de l'abbaye de Bolbonne, page 257; Bibl. de Toulouse. Mss.*)

Bertrand de Bordes, lieutenant du comte de Foix dont nous avons parlé pages 363, 371 et 372, affranchit de la servitude Bertrand Sandel, prêtre, Arnaud, censeur, Blanche, Reisindre et Guillaumette, leurs nièces, en janvier 1332. Il les créa, eux et leur postérité, citoyens romains, et leur accorda le droit de porter des anneaux d'or. Sa générosité renonça en outre à la faculté de révoquer ces faveurs, même dans les cas d'ingratitude et de félonie. Le même Bertrand de Bordes aliéna[1], toujours en 1332, au profit de Raymond-Arnaud d'Arpes ou d'Aspes, damoiseau, la possession d'une montagne, appelée Soulan de Hucobre, en Lordadais, et confrontant à celles de François de Levis, au prix de 200 liv. La seule condition de cette vente fut pour l'acquéreur de reconnaître qu'il tenait ce fief honorable sous la mouvance du comte de Foix. (*Arch. de l'abbaye de Bolbonne, p. 268; Bibl. de Toulouse.*)

Arnaud et Adhémar de Bordes, damoiseaux, coseigneurs de Bordes, concoururent par leur présence, l'an 1343, à l'hommage accompli envers Éléonore de Comminges et son fils Gaston par les nobles et les consuls du comté de Foix. (D. Vaissette : *Hist. du Languedoc,* t. IV, pr. 195.)

Jean de Bordes apparaît dans un acte de 1360 et Pierre de Bordes dans quelques transactions de Roger-Bernard, comte de Foix, en 1365. (*Idem,* p. 255.)

Ces notes chronologiques, les seules qui existent peut-être sur les de Bordes du Couserans, n'indiquent aucun rapport avec le Condomois, l'Agenais, la Lomagne, ni aucune possession en ces contrées. Baluze, en soupçonnant que Bertrand, le sénéchal du pays de Foix, se rattachait par le népotisme au cardinal, s'est donc grossièrement trompé.

Les de Bordes du Couserans et de Comminges se sont ramifiés en seigneurs de Moutardet ou de Morthon, en sieurs de la Cavade et aussi de Saradas. Ceux-ci obtinrent un jugement de maintenue

le 23 décembre 1715. (*Nobiliaire de Montauban et d'Auch*, t. IV,
cabinet des titres, 472; Bibl. Imp.) Il existe sur eux une notice
dans les Mss. de Larcher. Les de Bordes de Saradas blasonnaient
ainsi : *De gueules, à une maison d'argent de laquelle sort un bras armé
d'une épée qui enfile une couronne de comte, au chef cousu à trois
étoiles d'or.*

NOTE F, PAGE 419.

PREMIERS SEIGNEURS DE MEILHAN.

MM. de Bordes possèdent aujourd'hui le château de Meilhan,
dont le fief appartenait, avant 1309, aux Monlezun. Cette branche
était cousine de celle qui tenait le Pouy en partage avec les de
Bordes. Les deux familles, comme on le voit, ont des terres communes, non-seulement dans le passé, mais dans le présent. Quelques notes sur les Monlezun, seigneurs de Meilhan, ne seront
point déplacées à la fin de cette étude.

ARNAUD-GUILLAUME DE MONLEZUN (*de Montelugduno*), damoiseau,
fut convié aux noces de Bernard, comte d'Astarac, avec demoiselle
Agnès, fille de noble homme Gauthier de Fossat, en août, l'an
1309. (D. VILLEVIEILLE, *vol. LXI, fol. 106, verso.*) Le même personnage se reconnut hommager du comte d'Armagnac, Fezensac et
Rodez pour le château de Meilhan et ses dépendances en présence d'Arnaud de Riscle et d'Arnaud-Guillaume de Merens
(*Merenchis*). Ce fait fut accompli en 1321, le jour de Saint-Clé-
ment. (*Bureau des finances de Montauban; livre vert coté CC 28,
fol. 24.*)

Un autre ARNAUD-GUILLAUME DE MONLEZUN, seigneur de Meilhan,
se porta garant de la répartition territoriale faite par noble et

puissant homme messire Jean de Massas, chevalier, seigneur de Castillon-Massas, entre ses fils et petits-fils, le 18 avril 1373. (*Archives de M. le comte de Malartic.*) Il renouvela l'acte de foi de son devancier envers le comte d'Armagnac, toujours à raison de la terre de Meilhan, le 25 mars 1378, le 10 octobre 1384 et le 24 janvier 1418. (*Bureau des finances de Montauban, Armagnac, liasse F, n° 69, et Reg. d'hommages, n° 13, fol. 9.*) Le même devoir féodal fut rempli par

GÉRAUD DE MONLEZUN (*de Montelucduno*), damoiseau, seigneur de Meilhan et de Castaing, où il exerçait haute, moyenne et basse justice, le 14 novembre 1393. (D. VILLEVIEILLE, *fol. 107 verso, vol. LXI.*)

Pierre de Monlezun, seigneur de Saint-Pierre (Sainte-Pesserre), en Lomagne, ayant reçu la dot de sa femme Marquèse de Massas, eut à fournir quittance. Dans cette déclaration il affirma que la somme légitimaire lui avait été remise par ANTOINE DE MONLEZUN, seigneur de Meilhan, à la fin de janvier 1463, sous les yeux de Jean de Biran, seigneur de Puységur, de Jean de Roquelaure, seigneur du lieu de son nom, et de Pierre de Monlezun, coseigneur d'Aigues-Mortes. (*Arch. de M. le duc de Saint-Aignan.*) Antoine, précité en sa qualité de seigneur de Meilhan (*de Melhano*) et au nom de Jean de Beaucaire, seigneur de *Lutivilla* (pour Lupivila ou Loupvielle), se fit représenter aux états de la noblesse tenus le 21 octobre 1493. Ils avaient été assemblés pour infliger un blâme aux seigneurs qui refusaient la tutelle, ordonnée par le roi, dans le but de protéger les biens et la personne du comte d'Armagnac. (*Arch. de M. de La Briffe-Gambais.*) FLORIMONDE DE MASSAS, dame d'Eauzan, femme d'Antoine de Monlezun, lui donna :

ANTOINETTE DE MONLEZUN. Celle-ci épousa, le 3 août 1469, au château de Meilhan, Jean III, seigneur de Roquelaure, de Gaudoux et de Longart. Les noces ne furent pourtant solennisées que le

22 août 1471, après obtention de dispense sur le quatrième degré de parenté. Affligée de veuvage le 11 janvier 1520, elle vint finir ses jours auprès de son quatrième fils, Bernard de Roquelaure, chanoine de Lectoure. Elle fit élever une chapelle en l'honneur de Notre-Dame-de-Pitié, et désigna, à son lit de mort, pour son exécuteur testamentaire, Bernard de Sérillac. (*Généalogie de Roquelaure. Grands officiers de la couronne.*)

N... DE MONLEZUN, fille du seigneur de Mérens et de Meilhan, s'allia, en 1479, à JEAN D'ESPARBÈS. Elle n'était plus l'an 1485. (*P. Anselme*).

Postérieurement les Monlezun se produisent à chaque page dans les livres historiques sur le sud-ouest; aussi fermons-nous notre nomenclature de personnages (en grande partie inédits) qui possédèrent la seigneurie du Meilhan jusqu'au déclin du siècle quinzième.

FIN.

www.ingramcontent.com/pod-product-compliance
Lightning Source LLC
Chambersburg PA
CBHW052121090426
42741CB00009B/1907